Rügen

RÜGEN von Herbert Ewe
VEB Hinstorff Verlag Rostock 1986

*DEM ANDENKEN MEINES PUTBUSSER
LEHRERS DR. AUGUST KAMP ·*

Inhalt

Die Entdeckung der Insel 7

Badeorte gestern und heute 43

Hoch- und Niederrügen 73

Geschützte Insellandschaft 81

Hünengräber und Burgwälle 123

Dörfer und Städte 149

Schlösser und Katen 189

Rügenscher Fischfang 209

Kreide 235

Brücken über das Meer 251

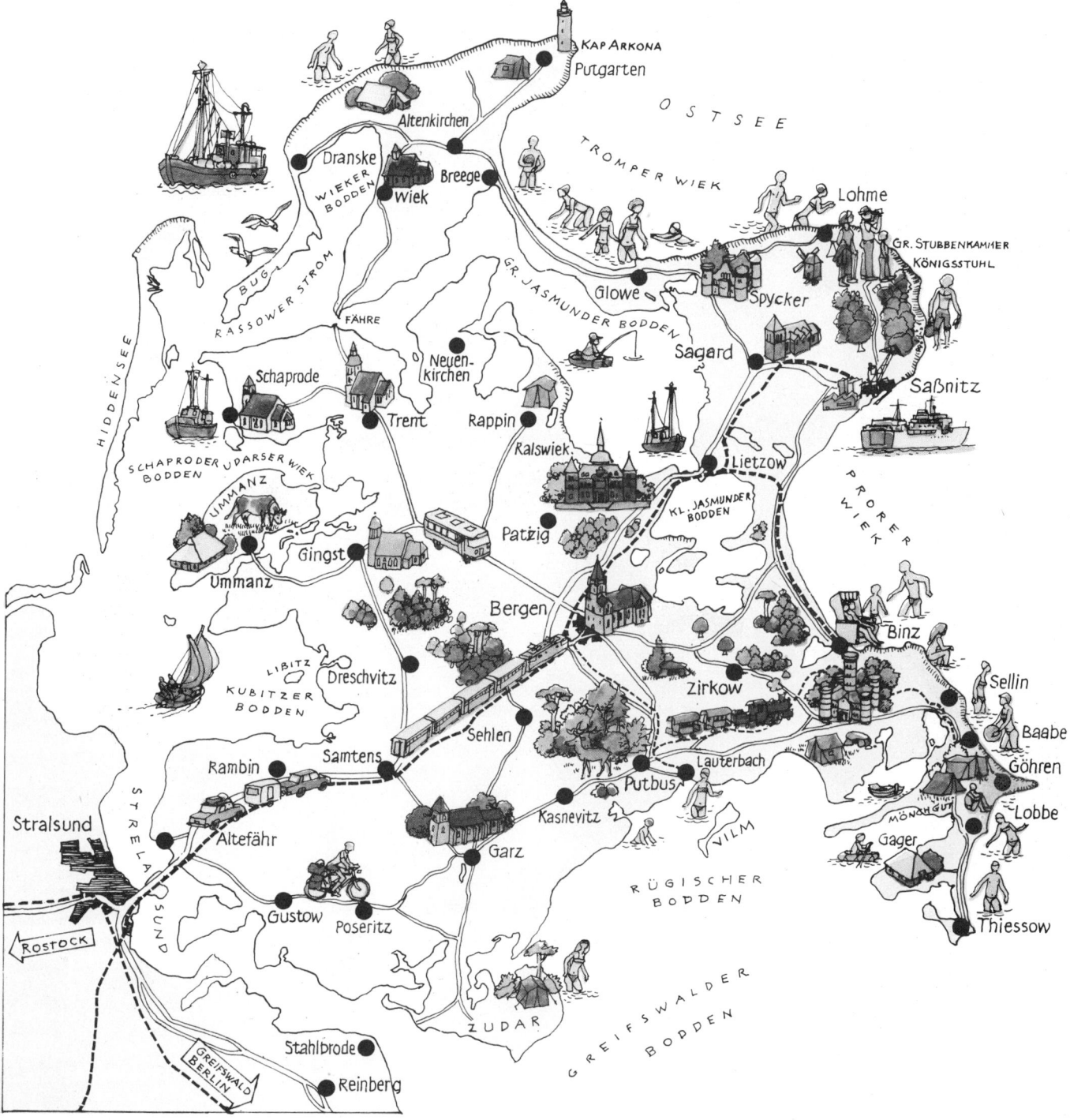

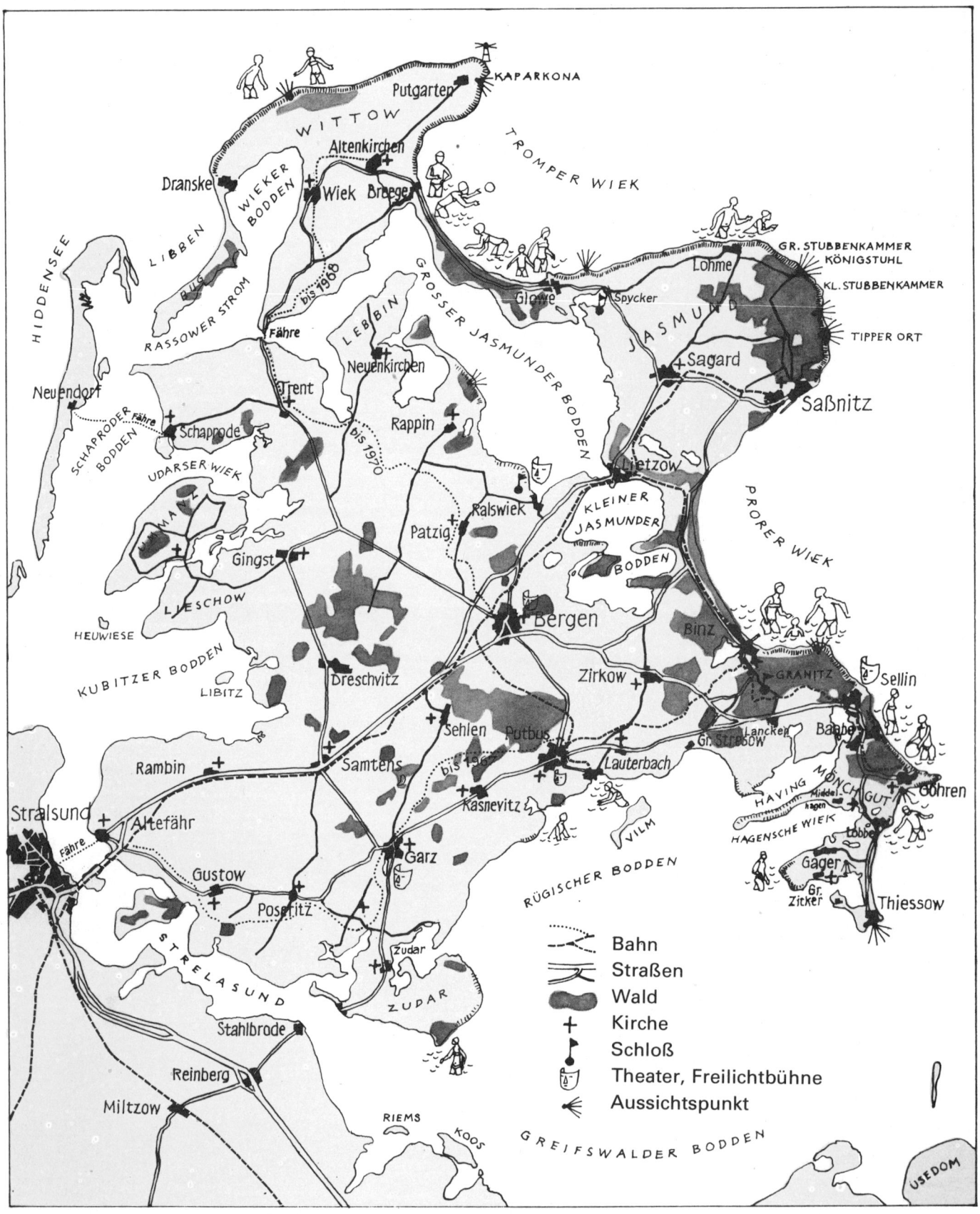

Die Entdeckung der Insel

Ein bestimmtes Jahr oder auch ein Jahrzehnt läßt sich für den Vorgang, den wir die Entdeckung Rügens nennen wollen, nicht angeben. Leichter wäre es indessen, die Frage nach einem Abschluß dieses Vorgangs zu beantworten. Denn wer heute sommertags die Insel betritt und die fast unzählig scheinenden Urlauber an der Küste – vom Wittower Bakenberg im Norden bis nach Thießow im Südosten – beobachtet und wer sich dazu verraten läßt, daß im Jahre 1984 mehr als 800 000 Menschen aus allen Teilen der Deutschen Demokratischen Republik hier zur Erholung weilten, der wird zu der Überzeugung gelangen müssen, daß Rügen nunmehr »entdeckt« sei.

Das Besondere dabei sind zweifellos die »Entdecker«. Sie entstammen sämtlichen Kreisen unserer Bevölkerung. Und der große Ferienraum Rügens vereint sie für Tage und Wochen: den Maschinenbauer aus Magdeburg, den Schlosser aus Erfurt, die Studentin aus Leipzig, den Arbeiter aus Eisenhüttenstadt, die Lehrerin aus Berlin, den Arzt aus Frankfurt (Oder) und den Schiffbauer aus Wismar. Für sie alle steht heute die Insel offen. Ihnen allen bietet sie sich in ihrer ganzen Schönheit dar: mit den leuchtenden Kreidefelsen und den vom Meer geglätteten Feuersteinen, mit dem ebenen Sandstrand und den steilaufragenden Hochufern, mit den flachen Bodden und zahlreichen Wieken, den dunklen Buchenwaldungen und aufgelockerten Kiefernforsten, mit den jahrtausendealten Hünengräbern und den riesigen slawischen Burgwällen, den gotischen Backsteinkirchen und den Gebäuden des Klassizismus, nicht zuletzt aber mit all dem, was unsere Zeit unter den veränderten gesellschaftlichen Verhältnissen geschaffen hat: neue Schulen und Kulturhäuser in den Dörfern, moderne Einrichtungen der Landwirtschaft, Betriebe zur Fischverarbeitung oder zur Kreidegewinnung, Institute, die der Wissenschaft und Praxis dienen, helle, freundliche Ferienbauten und vieles andere mehr.

Gewiß, Rügen erlebt Jahr für Jahr eine Zeit, die Einheimische im allgemeinen als Saison bezeichnen. Sie beginnt zumeist in den ersten Maitagen und endet mit den letzten Septemberwochen. Das ist die Zeit, in der die Urlaubsgäste ihre Ferienheime in den Badeorten beziehen oder auch ihre Zelte auf den abgesteckten Plätzen in Nähe der Ostsee aufschlagen.

Wer jedoch meinen möchte, daß Rügen während der anderen Jahreszeiten keine Reize besäße, der übersieht oder verkennt eben doch die Besonderheiten der Insel. Man muß wohl den sich spät einstellenden Frühling in den Waldungen der Granitz erlebt, muß den Anemonenflor, der sich vor einem wie ein leuchtender Teppich ausbreitet, in Augenschein genommen haben, um zu wissen, daß die rügensche Landschaft auch im April mehr als Alltägliches zu bieten vermag. Oder: wer wollte bestreiten, daß eine Oktoberwanderung in der Stubnitz entlang den weißen Kreidemassiven, von denen sich die Laubbaumbestände in einer wahrhaft seltenen Farbenpracht abheben, nicht tiefe Eindrücke hinterließe? Und schließlich sei an jene Winter erinnert, die bei lang anhaltenden Kältewellen, wie beispielsweise im Januar des Jahres 1985, die Insel mit einem Festeisgürtel umschließen. So weit das Auge reicht, liegt dabei die Ostsee – zuweilen von einer Schneedecke überzogen – völlig lautlos da. Gerät das Eis jedoch bei ansteigenden Temperaturen und anhebenden Stürmen in Bewegung, dann türmen sich an der Küste nicht selten die Schollen zu meterhohen und imposanten Bergen auf, für die der Geograph den Ausdruck Pressungen verwendet.

Immer also – sei es für den Sommer oder den Winter, sei es für das Frühjahr oder den Herbst – gilt es, bei einer Schilderung des Landschaftsbildes von der größten Insel der Deutschen Demokratischen Republik Vorzüge zu nennen, die man schwerlich an anderen Orten wiederfindet.

Wenn wir fragen, wann diese Naturschönheiten zum erstenmal erkannt, besser: gewürdigt oder gar gepriesen worden sind, dann werden wir in der »Entdeckungsgeschichte« kaum jahrhundertelang zurückzuschreiten brauchen.

Vergeblich suchen wir in den frühen mittelalterlichen Berichten, die uns die erste schriftliche Kunde von Rügen bringen, nach Angaben über Schönheiten der damaligen Insellandschaft. Die Aufmerksamkeit jener Berichterstatter, der Geschichtsschreiber wie etwa Adam von Bremen, der noch dem 11. Jahrhundert angehört, oder Helmold, der im 12. Jahrhundert eine Chronik der Slawen verfaßte, richtete sich allerdings zunächst auf andere Dinge. Ihr Hauptanliegen war die Darstellung von Kriegs- und Eroberungszügen; eine Darstellung also, die unsere Frage von vornherein auszuklammern scheint. Auch die Aufzeichnungen eines anderen, der Rügen nachweislich selber betreten und um 1170 wahrscheinlich teilweise durchquert hat, lassen offensichtlich diese Beobachtungen vermissen. Gemeint ist der Däne Saxo Grammaticus. Seiner ungewöhnlich lebendigen Schilderung verdanken wir immerhin die Kenntnis von aufschlußreichen Wesenszügen der ehemals slawischen Inselbewohner. Wann und wie auch immer eine Untersuchung dieser gesellschaftlichen Verhältnisse erfolgen soll, werden die »Gesta Danorum« – Geschichte der Dänen – des Saxo Grammaticus nicht übergangen werden dürfen.

Und wenn wir von der Geschichtsschreibung auf das Gebiet der Dichtkunst hinüberwechseln, dann ist sogleich zu bemerken, daß Rügen schon früh Eingang in die deutschsprachige Literatur fand. Als Dichter stellt sich uns ein Mann vor, der in seinen Liedern und Sprüchen Themen des bedeutendsten Lyrikers der mittelhochdeutschen Literatur, nämlich Walthers von der Vogelweide, aufgriff, ohne freilich dessen Größe auch nur annähernd zu erreichen. Wie dem auch gewesen sein möge, Wizlaw III., letzter Vertreter des rügenschen Fürstengeschlechts, verdient es allein schon deshalb, an dieser Stelle erwähnt zu werden, weil er als der einzige Minnesänger des norddeutschen Raumes bekannt geblieben ist. Wir wissen viel zuwenig über Einzelheiten seines Lebens und Dichtens, dürfen aber annehmen, daß er die Dichtkunst bei einem Lehrmeister erlernte und später Gelehrte und Sänger an seinem Hof versammelte. So rühmte unter anderen Heinrich von Meißen, und zwar derjenige, den man »Frauenlob« nennt, mit einem Liede in typisch höfischer Manier die gastliche Freizügigkeit des Rügeners. Von Wizlaw sind 14 Lieder und 13

Steilufer Wittow

Auf Kap Arkona

Kieler Ufer (Jasmund)

Auf den südrügenschen Gewässern

Am Kleinen Jasmunder Bodden

Putbus

Blick vom Bakenberg (Mönchgut)

Herbststurm an der Saßnitzer Mole

Sprüche in der bekannten Jenaer Liederhandschrift des 14. Jahrhunderts erhalten. Dieses kostbare – in der Universitätsbibliothek zu Jena aufbewahrte – Quellenwerk überliefert zu seinen Liedern, in mittelhochdeutscher und in mittelniederdeutscher Sprache geschrieben, zugleich die Noten und vermittelt uns damit eine Vorstellung von den Melodien jener mittelalterlichen Gesänge. Betrachten wir Wizlaws Dichtung näher – auch mit der Erwartung, darin wenigstens Ansätze einer Verherrlichung seiner zweifellos schon damals landschaftlich schönen Inselheimat vorzufinden –, sehen wir uns getäuscht. Seinen Maien-, Herbst- und Winterliedern fehlt der lokale Bezug. Die Schilderung der Natur bleibt in diesem Minnesang durchweg formelhaft, und das, was über die Blumen auf dem Felde, das Laub an den Bäumen und den Gesang der Vögel mitgeteilt wird, könnte ebenso für jede andere Landschaft gelten. 1325 – etwa ein Jahrhundert nach dem Tode Walthers von der Vogelweide – starb der rügensche Minnesänger Wizlaw, und es bereitet Mühe, die Insel während der folgenden Zeit wieder in der Literatur zu entdecken.

Dort, wo sie erscheint, wie in Sebastian Münsters »Cosmographie« vom Jahre 1546, ist die Darstellung zuweilen mehr als dürftig. Ja, wenn uns der ansonsten äußerst verdienstvolle Kosmograph kundtut, daß »in Rugen kein holtz wechßt«, so beruhte seine Feststellung ohne Zweifel auf einem Irrtum. Die Insel trug seinerzeit – das haben neue Forschungen ganz eindeutig bewiesen – eine ungleich dichtere Walddecke als heute. Es hätte freilich eines wissenschaftlichen Nachweises hier gar nicht bedurft; denn in demselben Jahrhundert noch schrieb der Magister Johann Rhenau in seinem Reisebericht den Satz: »In Ruegen ist ein großer Vorath An Holtz bey handen.« Die Existenz des Waldes vermerkte übrigens der aus Hessen stammende Rhenau, der den wohlklingenden Titel »fürstlicher Salzgraf« führte, aus ganz nüchternen Überlegungen. Ihm ging es bei seiner Rügenreise offenbar darum, die Möglichkeit der Errichtung von »Eyssenhütten« zu prüfen. Doch dazu war zunächst das begehrte Erz erst zu entdecken. Rhenau, zugleich Spezialist für Salzgewinnung, untersuchte die Wasserläufe auf Mönchgut, klopfte sachkundig die Steine in der Stubnitz an und... fand das Gesuchte. Leider war die Menge der als »Ertzstein« erkannten Stücke so gering, daß sich eine Verhüttung wohl schwerlich gelohnt hätte. Der hessische Salzgraf ließ es dann auch in seinem Expeditionsprotokoll mit der Empfehlung an die zuständigen Stellen, tunlichst weiter zu suchen, bewenden. In seinem Bericht aus dem Jahre 1584 sind jedoch das erstemal zwei Namen von jenem Inselteil genannt, der später immer wieder von Dichtern besungen, von Malern gemalt und von Reisenden mit Begeisterung beschrieben worden ist: Stubbenkammer und Königsstuhl.

Doch vorerst kann von diesem Lobpreis in seinen verschiedenen Formen noch keine Rede sein. Der Zeit des 16. und 17. Jahrhunderts verdanken wir indessen – so karg auch die Äußerungen auf den ersten Blick erscheinen mögen – mancherlei Einsichten in die geographischen und gesellschaftlichen Verhältnisse der Insel. Den in Stralsund geborenen pommerschen Chronisten Thomas Kantzow können wir hierbei getrost übergehen. Denn wenn in seiner »Pomerania« zu lesen steht, daß die rügenschen Landvorsprünge Wittow, Jasmund und Zudar Inseln seien und daß »dieses Land (gemeint ist Rügen) nichts Namhaftiges hat, allein daß es viele und große Gänse hat«, so dürfte Kantzows Ortskenntnis nicht gerade beachtlich gewesen sein. Ungleich bedeutender ist für uns das, was sein Zeitgenosse Matthäus von Normann um 1530 in dem »Wendisch-Rügianischen Landgebrauch« aufzeichnete; bedeutender schon deshalb, weil wir es nun mit einem Menschen zu tun haben, der die Insel tatsächlich genügend aus eigener Anschauung kannte. Der an mehreren Universitäten juristisch ausgebildete Normann verbrachte viele Jahre seines Lebens als Gerichtsschreiber bei den Insellandvögten, amtierte schließlich selber als rügenscher Landvogt und lernte dabei seinen Sprengel hinlänglich kennen. Natürlich nimmt die Charakteristik der damaligen Rechtspflege den größten Platz in seinem in niederdeutscher Sprache geschriebenen »Landgebrauch« ein. Das ist auch gar nicht anders zu erwarten; denn unter diesem Titel haben wir eine Sammlung alter »wendisch-rügianischer« Gesetze und Rechtsgewohnheiten zu verstehen. Daneben aber – und gleichsam zwischen den Zeilen – erfahren wir so viele Einzelheiten über die Insel, daß sich allmählich ein gewisses Bild zu runden beginnt. So durchquerten Rügen seinerzeit drei größere Straßen, von denen zwei auf der nördlichen Halbinsel Wittow begannen. Einmal wurde über die Orte Wiek, Trent und Gingst der Westteil und dann über Bobbin, Sagard, Schmale Heide, Bergen der nordöstliche und zentrale Teil verkehrsmäßig erschlossen. Der dritte »gemeine Landweg« (= öffentliche Landstraße) führte von der südöstlichen Halbinsel Mönchgut über Lancken/Granitz, Putbus und Rothenkirchen bis nach Altefähr. Im rügenschen Wirtschaftsleben, über das wir durch den »Landgebrauch« zahlreiche Hinweise erhalten, spielte die Landwirtschaft mit der Viehhaltung und dem Anbau von Roggen, Hafer und Erbsen, aber auch von Lein und Hanf die Hauptrolle. Ungewöhnlich scheint uns dagegen die Kultivierung von Hopfen und das Vorhandensein von Weinstöcken. Bei den Hopfenfeldern werden wir daran erinnert, daß sich früher auch auf Rügen viele Bewohner ihr Bier für den Hausgebrauch selber brauten. Matthäus von Normann unterrichtet uns ferner über rügensche Handwerker, die sich in Ämtern oder Gilden zusammenschlossen, und über den Verbleib des Gutes von gestrandeten Schiffen, über die rügenschen Ärzte des 16. Jahrhunderts, deren Praxis uns Heutige nur mit Schaudern erfüllen kann, und über die Trinkwasserversorgung von Bergen, die noch jahrhundertelang äußerst unzulänglich bleiben sollte, über Inselwochenmärkte und über die Krüge an den Landstraßen, in denen nicht nur Bier ausgeschenkt wurde, sondern auch Reisende zu beköstigen und zu beherbergen waren, und über anderes mehr. Zwei Wissenschaftler haben bald danach – jeder auf seine Weise – ihren Teil dazu beigetragen, die Insel einer größeren Öffentlichkeit vorzustellen. Der eine, Eilhard Lubin, bereiste Rügen mit dem Auftrag, eine kartographische Aufnahme zu fertigen. Der andere, Philipp Clüver, den man als Begründer der Historischen Geographie bezeichnete, machte auf der Insel eine höchst seltsame und viel Aufmerksamkeit erregende Entdeckung.

Lubins freilich noch fehlerhafte Karte, die – in Amsterdam gestochen – im Jahre 1608 erschien, war zwar nicht die erste kartographische Darstellung Rügens. Aber wenn man bedenkt, daß auf der von Nikolaus von Cues im 15. Jahrhundert gezeichneten großen Landkarte mit dem Ostseegebiet die Insel überhaupt fehlte und daß bei anderen Karten, auch bei der des gar nicht unbedeutenden Geographen Gerard Mercator, die Gestalt Rügens ungewöhnliche Verzerrungen aufweist, werden wir die Leistung des Rostocker Universitätsprofessors Lubinus entsprechend zu würdigen wissen. Und es hat sicher seinen guten Grund, wenn heute das Lubinsche Kartenblatt bereits zu den Kostbarkeiten von Museen, Bibliotheken und Archiven zählt. Bei einer Verwendung für wissenschaftliche Anliegen scheint indessen Vorsicht geboten.

Doch Geographen, Historiker, Philologen und

Heimatkundler befinden sich in der glücklichen Lage, auf ein anderes Kartenwerk desselben Jahrhunderts zurückgreifen zu können. Es wurde von schwedischen Landmessern um 1695 geschaffen, umfaßt allein für Rügen 316 überwiegend farbenprächtige Blätter und gehört gegenwärtig zu den Beständen des Staatsarchivs Greifswald. Wieder waren es äußerst sachliche und praktische Beweggründe, die dieses für uns so bedeutsame landeskundliche Quellenwerk entstehen ließen. Schweden, dem mit Vorpommern auch Rügen im Westfälischen Frieden von 1648 zugefallen war, bemühte sich mit Fleiß und Geschick, seine neuen Staatsuntertanen zu Menschen zu erziehen, die wir schlicht gute Steuerzahler nennen dürfen. Eben zu diesem Zweck entstand auch die große Landesaufnahme, die uns nicht nur jene auf Triangulation beruhenden Matrikelkarten, die eindrucksvoll von dem hohen Stand des damaligen nordeuropäischen Vermessungswesens Zeugnis ablegen, sondern zugleich die sogenannten Ausrechnungsbücher bescherte – eine wahre Fundgrube für den, der sich Fragen der Landschaftsentwicklung zuwendet.

Doch wir wollen dabei nicht den zweiten, schon

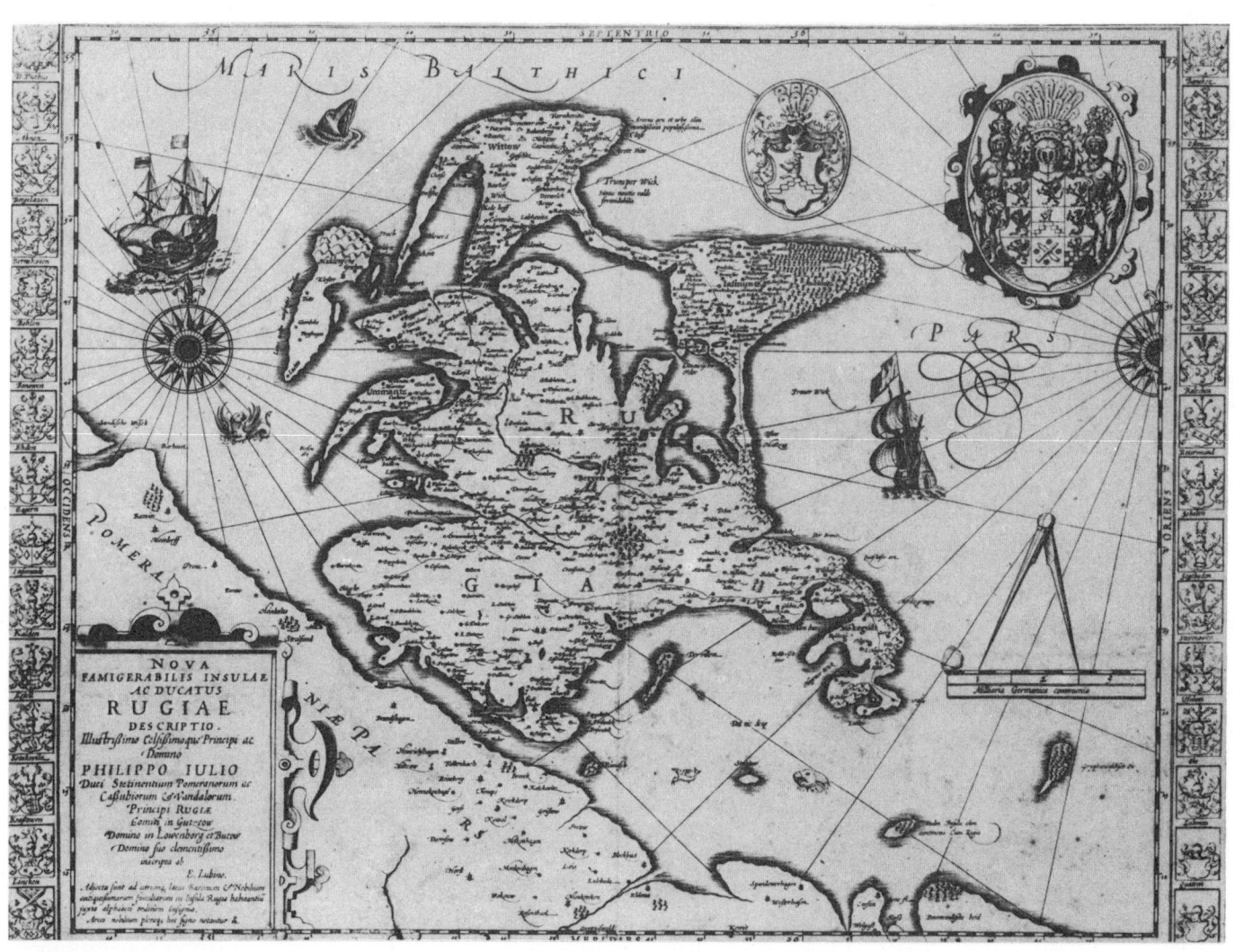

Rügenkarte Eilhard Lubins aus dem Jahre 1608

genannten Wissenschaftler, nämlich Philipp Clüver, aus den Augen verlieren. Er meinte, von den klassischen römischen Schriftstellern ausgehend, auf der Halbinsel Jasmund die Stellen gefunden zu haben, an denen die Germanengöttin Nerthus oder – wie es in den etwa hundert Jahre nach der Zeitenwende entstandenen Schriften des Tacitus fälschlicherweise gelesen wurde – die Göttin Hertha verehrt worden sei. Nach dem Taciteischen Bericht pflegte die erwähnte Göttin einen heiligen Hain auf einer Insel des Ozeans aufzusuchen. Dort stand für sie ein mit Rindern bespannter Wagen bereit. Waren die Ausfahrten beendet, wurden Göttin und Wagen in einem verborgen gelegenen See gewaschen. Sklaven, die dabei Dienste leisteten, hatten unmittelbar danach zu sterben. Das mehrbändige Clüversche Werk »Germania antiqua« (= Altes Germanien), das 1616 ebenfalls in Holland, und zwar in Leiden, herauskam, fand wohl besonders wegen dieser kühnen Annahme außerordentlichen Beifall. Rügenkenner wie der alte Ernst Heinrich Wackenroder, der im 18. Jahrhundert ein dickes Buch über die Insel schrieb, auch Pädagogen wie Johann Micraelius und Universitätsprofessoren wie Albert Georg Schwartz ließen nicht den geringsten Zweifel an der Richtigkeit dieser Kultlokalisierung aufkommen. Erst Gelehrte des 19. Jahrhunderts setzten hinter Clüvers Hypothese die Fragezeichen, die sie verdiente. Dessenungeachtet begannen sich die vagen Anschauungen zu verbreiten und fanden in den nun aufkommenden Reisebeschreibungen ihren Niederschlag. Alte, seit langem urkundlich belegte Flurbezeichnungen, wie Borgsee oder Schwarzer See und Borgwall, erhielten – wohlgemerkt um 1800 – die Namen Herthasee und Herthaburg. Man entwickelte neue, mehr als phantastisch anmutende Züge der sagenhaften Herthaverehrung und entdeckte weitere dementsprechende Örtlichkeiten. So sollten in den Resten einer geöffneten steinzeitlichen Grabanlage, dem Pfennigkasten, Gaben für Hertha aufbewahrt und auf großen Steinen, die rasch den Namen »Opfersteine« bekamen, viele Menschenopfer dargebracht worden sein. Man wußte von einer Buche in der Nähe des Sees, jetzt natürlich »Herthabuche«, zu reden, deren Zweige durch ihr Rauschen den Willen der Erdgöttin kundgetan hätten, und was dergleichen Schauergeschichten mehr sein mochten. Daß sie bis in die ersten Jahrzehnte unseres Jahrhunderts lebendig blieben, hatte seine Ursache wohl vor allem in den Profitinteressen geschäftstüchtiger rügenscher Gastwirte.

Wir haben mit dieser Feststellung jedoch schon ganze Etappen unserer »Entdeckungsgeschichte« übersprungen und tun gut, noch einmal in das 18. Jahrhundert zurückzublicken. Dabei sollte sich unsere Aufmerksamkeit sogleich auf einen Mann richten, dem es Rügen schon nach seinem ersten Besuch im Jahre 1775 buchstäblich angetan hatte und der sich dann redlich bemühte, seine Eindrücke in Verse zu fassen und damit den Menschen seiner Zeit nahezubringen: Gotthard Ludwig Kosegarten. »Als ich gleichwohl aufbrach und nach 14tägiger Wanderung ganz begeistert wie betrunken zurückkam, hat man mich angestaunt, als käme ich aus der versunkenen Atlantis zurück oder aus einer der ägyptischen Oasen«, so schilderte er später in einem Brief an den Heimatdichter Carl Lappe sein erstes Inselerlebnis. Damals war Kosegarten noch Student. Über die Tätigkeit eines Hauslehrers bei rügenschen Familien, die Stelle eines Rektors der Wolgaster Schule und das Amt eines Pfarrers in Altenkirchen auf Wittow führte ihn der Weg zur Professur für Geschichte an die Universität Greifswald. Uns interessiert in diesem Zusammenhang nicht so sehr der Schulmann und Universitätslehrer als vielmehr der Dichter. Kosegarten hatte – vor allem während seiner Altenkirchener Amtszeit – vieles, fast möchte man sagen: alles zu »bedichten«. Und so entstanden seine stark heimatgebundenen Epen wie »Jucunde«, mit der wir übrigens auch eine ausführliche Beschreibung der bekannten Uferpredigten von Vitt erhalten, und »Die Inselfahrt«, in deren Handlung Hiddensee einbezogen ist. So entstanden weiterhin seine lyrischen Verse, von denen Friedrich Schiller das Gedicht »Arkona« in dem Musenalmanach auf das Jahr 1797 abdruckte, und seine Legenden, die Gottfried Keller den Stoff zu dessen »Sieben Legenden« boten.

Der Glanz von Kosegartens Dichtungen, die uns – gesammelt – in zwölf Bänden vorliegen, ist inzwischen freilich längst verblichen. Die Literaturkritik hatte, zweifellos berechtigt, bald dies, bald das, bald die Breite und bald den schwärmerischen Überschwang in der Gestaltung zu beanstanden. Dennoch: Gotthard

Gotthard Ludwig Theobul Kosegarten
(1758–1818)

Ludwig Kosegarten war der erste, der noch im 18. Jahrhundert das Lob auf die Schönheit der rügenschen Landschaft aus vollem Herzen und mit ehrlicher Begeisterung anstimmte, ein Lob, das fortan mannigfach widerhallte. Das ist das eine. Auch das andere ist nicht weniger bemerkenswert. Kosegarten stand mit zahlreichen bedeutenden Persönlichkeiten in Verbindung – mit Goethe, Schiller, mit Herder und anderen. Und das Altenkirchener Pfarrhaus sah Wilhelm von Humboldt, den Begründer der Berliner Universität, Friedrich Schleiermacher sowie Naturwissenschaftler, Ärzte, Pädagogen und Künstler als Gäste. Von Altenkirchen aus besuchte man das nahe gelegene Arkona und lernte die Waldungen der Stubnitz kennen. Einige von ihnen, wie der Berliner Johann Friedrich Zöllner und der nach Stockholm übergesiedelte Karl Nernst, griffen zur Feder, schilderten und veröffentlichten ihre Reiseerlebnisse. Blättern wir überdies in dem Tagebuch Wilhelm von Humboldts, finden wir zu seiner Wanderung in der Stubbenkammer am 12. August des Jahres 1796 folgende Notizen: »Es ist nicht möglich, einen einfacheren und erhabeneren Anblick zu finden, eine bloße Oefnung ins Meer, aber die unendliche Ebene so frei und groß daliegend, und der Schauplatz, von dem man sie sieht so kühn und fest gegründet, so wunderbar gestaltet durch die Ecken und Winkel der Felsen, so abstechend von Farben mit den weißen Kreidewänden gegen das blaue Meer...«

Wir dürfen den Kreis der Kosegartenschen Freunde nicht verlassen, ohne die Namen von zwei Männern genannt zu haben, deren Bedeutung für Rügen völlig außer Zweifel steht: Ernst Moritz Arndt und Johann Jacob Grümbke. Beide sind auf der Insel geboren worden, und beide fühlten sich immer eng mit ihr verbunden. Arndts großes Verdienst im Kampf um die Aufhebung der Leibeigenschaft wird in einem anderen Kapitel zu würdigen sein. Hier wollen wir lediglich kurz auf den Dichter zu sprechen kommen. Man braucht nur seine »Märchen und Jugenderinnerungen« zur Hand zu nehmen, um zu erkennen, wie gut der Inselbürtige mit den örtlichen Verhältnissen vertraut und mit den Bewohnern, besonders aber mit den unteren Bevölkerungsschichten, bekannt gewesen ist. Der Insel und ihren Menschen gehörte seine ganze Liebe, auch dann noch, als er schon jahrzehntelang in Bonn am Rhein lebte. Das klingt deutlich genug in dem 1842 entstandenen und seitdem viel zitierten Gedicht »Heimweh nach Rügen« an:

> O Land der dunklen Haine,
> O Glanz der blauen See,
> O Eiland, das ich meine,
> Wie tut's nach dir mir weh!
> Nach Fluchten und nach Zügen
> Weit über Land und Meer,
> Mein trautes Ländchen Rügen,
> Wie mahnst du mich so sehr!
>
> O Eiland grüner Küsten!
> O bunter Himmelschein!
> Wie schlief an deinen Brüsten
> Der Knabe selig ein!
> Die Wiegenlieder sangen
> Die Wellen aus der See,
> Und Engelharfen klangen
> Hernieder aus der Höh'.
>
> Fern, fern vom Heimatlande
> Liegt Haus und Grab am Rhein.
> Nie werd' an deinem Strande
> Ich Pilger wieder sein.
> Drum grüß' ich aus der Ferne
> Dich, Eiland lieb und grün:
> Sollst unterm besten Sterne
> Des Himmels ewig blühn!

Ernst Moritz Arndts Jugend- und Schulfreund Grümbke, der nach dem Universitätsstudium wenige Jahre als Erzieher wirkte und sich dann als Gelehrter in Bergen der Erforschung seiner Inselheimat widmete, schrieb Rügen-Bücher, die, sorgfältig und gründlich erarbeitet, für die damalige Zeit ein erstaunliches Niveau zeigten. 1805 erschienen die »Streifzüge durch das Rügenland«. Ihnen folgten 1819 die »Neuen und genauen geographisch-statistisch-historischen Darstellungen von der Insel und dem Fürstenthume Rügen«.

Die Romantiker waren es vor allem, die Rügen ins Licht der größeren Öffentlichkeit rückten. Wir denken dabei nicht nur an die Dichter, von denen auch Adelbert von Chamisso mit seiner Ballade »Die Jungfrau von Stubbenkammer« aus dem Jahre 1823 anzuführen wäre, sondern mehr noch an die Maler. Der ungewöhnliche Motivreichtum, ja »der stille Ernst des Meeres von den freundlichen Halbinseln und Thälern, Hügeln und Felsen auf mannigfaltige Art unterbrochen« – wie wir es in einem Brief Philipp Otto Runges an Goethe lesen – begannen nun die bildenden Künstler anzuziehen. Schon bevor der Handwerkersohn Caspar David Fried-

Philipp Hackert: Rügenlandschaft

rich aus Greifswald die Insel betrat, hatte ein anderer, nämlich der in Prenzlau geborene Philipp Hackert, ein paar Jahre auf Rügen gemalt. Hackert fühlte sich in seinen Rügendarstellungen der sechziger Jahre des 18. Jahrhunderts noch barocken Traditionen verpflichtet. Betrachtet man im Kulturhistorischen Museum zu Stralsund die Radierungen »Rügenlandschaft«, vermißt man freilich eine annähernd getreue Naturwiedergabe. Die rügensche Wirklichkeit scheint dabei vielmehr der Formenwelt einer »heroischen« Landschaftsmalerei angeglichen. Wie auch immer: Hackerts Rügenbilder schmückten nicht nur die Wände von Kosegartens Wohnung in Altenkirchen, fanden nicht nur in den Dichterkreisen Weimars ungeteilte Zustimmung, sie wurden oft vervielfältigt und trugen nicht wenig dazu bei, die landschaftlichen Schönheiten der Insel weithin bekannt zu machen.

Ob Caspar David Friedrich noch vor 1800, zusammen mit seinem Greifswalder Lehrer Johann Friedrich Quistorp, Rügen besuchte, ist ungewiß. Sicher sind dagegen seine Inselreisen der Jahre 1801 und 1802 sowie die Wanderung durch den östlichen Teil Rügens mit Philipp Otto Runge im Jahre 1806. Auch 1809, 1818 und noch einmal 1826 weilte der inzwischen berühmte und nun in Dresden ansässige Maler auf der Insel. In der Gestaltung der heimischen Landschaft löste sich Friedrich von fremden Vorbildern, fand seine eigene künstlerische Sprache. Mit Recht wurde festgestellt, daß die »Rügenperiode« zu Beginn des 19. Jahrhunderts die Begabung des jungen Greifswalders völlig freigelegt habe. Die Halbinsel Mönchgut im Südosten, Arkona im Norden und die Stubnitz auf Jasmund schienen allein durch die Vielfalt ihrer Formen seinem künstlerischen Wollen auf das beste entgegenzukommen. Von Heinrich von Schubert ist uns diese Schilderung überliefert: »Die stille Wildnis der Kreidegebirge und der Eichenwaldungen ... waren im Sommer, noch mehr aber in der stürmischen Zeit des Spätherbstes und im angehenden Frühling, wenn auf dem Meere an der Küste das Eis brach, sein beständiger, sein liebster Aufenthalt. In Stubbenkammer verweilte er am öftesten, dort sahen ihn die Fischer manchmal mit Sorge um sein Leben ... auf und zwischen den Zacken der Bergwand und ihren ins Meere hineinragenden Klippen herumklettern.«

Wir werden uns zum Verständnis der Rügendarstellungen bemühen müssen, Friedrichs Schaffen im Zusammenhang mit den gesellschaftlichen Verhältnissen seiner Zeit zu sehen und zu werten. Nicht zuletzt führte die Unzulänglichkeit dieser Verhältnisse zu einem Bruch mit der Gesellschaft und damit zur Vereinsamung des Künstlers. Einen Versuch zur Überwindung dieser Lage bildete die Hinwendung zur Natur. Es entstanden seine Federzeichnungen und Sepien wie »Stubbenkammer«, »Fernblick auf Rügen«, »Hünengrab am Meer«. Und es entstanden ferner die großen Kompositionen wie »Mönch am Meer«, ein Ölgemälde, das – auf der Berliner Akademieausstellung des Jahres 1810 gezeigt – schnell seinen Ruhm begründete, und dann unter anderem die Werke »Landschaft mit dem Regenbogen«, »Kreidefelsen auf Rügen« und »Mondaufgang am Meer«, das – noch zu Lebzeiten des Künstlers von Rußland angekauft – heute zu den bedeutendsten künstlerischen Leistungen der deutschen Romantik in der Ermitage zu Leningrad gehört. Leider gelangte der Plan eines größeren Sammelwerkes über Rügen, für das der Maler Simon Wagner Volkstümlichkeiten und Trachten zeichnen und der Stralsunder Pfarrer Adolph Friedrich Furchau den erläuternden Text schreiben sollten, nicht zum Abschluß. Durch Caspar David Friedrich wurden jetzt andere Maler angeregt, auf der Insel ihre Motive zu suchen und zu gestalten. 1826, im

Eispressungen am Reddevitzer Höft

»Gespensterwald« am Nordufer Jasmunds

Anemonen in der Granitz

Hang-Buchenwald im Steinbachtal (Stubbenkammer)

Altenkirchen

Uferpredigt Kosegartens bei Vitt (etwa 1800)

Herthasee. Darstellung aus dem 19. Jahrhundert

Caspar David Friedrich: Durchblick zur See auf Rügen

Wilhelm Brüggemann: Aussicht vom Rugard

Carl Gustav Carus: Eichen am Meer

Tom Beyer: Fischer am Strand

Saßnitz

»Rügenhotel« Saßnitz

Neue Polytechnische Oberschule in Sagard

Neue Ferienheime des FDGB in Binz

Edith Dettmann: Bauernhaus auf Ummanz

Jahr des letzten Rügenaufenthaltes Friedrichs, entwarf der Stralsunder Künstler Johann Wilhelm Brüggemann die »Aussicht vom Rugard«. Schon vorher hatte Carl Gustav Carus, der Dresdener Arzt und Freund Friedrichs, begonnen, seine Darstellungen »Brandung bei Rügen«, »Erinnerung an eine bewaldete Ostsee-Insel«, »Eichen am Meer« und »Hünengrab« zu schaffen. Obgleich in Carus' Bildern noch die typischen Züge der Romantik vorherrschen, kündigt sich allein durch die Aufnahme naturwissenschaftlicher Elemente, durch das Bestreben, botanische und geologische Erscheinungen richtig zu sehen und getreu zu malen, bereits eine Wandlung in Auffassung und Stil an: eine Wandlung, die durch Friedrich Schinkels Rügenansichten »Stubbenkammer« und »Rugard« und durch Friedrich Prellers des Älteren Aquarelle, Radierungen und Ölbilder noch mehr hervortreten sollte. Nach Caspar David Friedrich verherrlichte besonders Preller d. Ä. die landschaftlichen Reize der Insel. Von ihm sind etwa hundert Rügen-Motive erhalten. Aber auch sein berühmter Odyssee-Zyklus ist nicht etwa im Bereich südlicher Meere, sondern am Gestade der Ostsee erlebt. Bewußt wurde unser Gebiet dem sonnigen Süden gegenübergestellt – so mit einer Formulierung wie: »Ich werde in Zukunft meine Studien wohl nur hier machen, denn reicher habe ich nie ein Land gesehen, selbst Italien nicht ...«

Auch wenn wir an diesem Überschwang getrost einige Abstriche vornehmen können, bleibt die Begeisterung – nicht nur bei dem älteren Preller, sondern bei all den Zeitgenossen, die sich über die Ostseeinsel zu äußern wußten. Die Begeisterung schwingt mit in dem Urteil des mecklenburgischen Naturwissenschaftlers Ernst Boll, der um die Jahrhundertmitte eine Rügen-Monographie veröffentlichte. »Ich habe den Harz und den Thüringer Wald durchwandert, ich bin anderthalb Jahre ein Anwohner des Rheins gewesen, ich habe den Odenwald, den Schwarzwald und die Alpen gesehen, noch immer aber steht Rügen neben allen diesen Gegenden unübertroffen für mich da.« Sie klingt an in den Briefen des hervorragenden deutschen Tonsetzers Johannes Brahms, der nicht nur die grünen Wälder der Stubnitz herrlich fand, sondern der hier – am Meer – im Jahre 1876 sein Opus 68, die großartige erste Sinfonie in c-Moll, vollendete. Und wir gehen sicher nicht fehl, wenn wir auch einem Adolph von Menzel jene Begeisterung abspüren, mit der er 1851 auf Rügen die »Frau mit Sonnenschirm in den Dünen« zeichnete. Auch danach wurde die Insel von vielen Malern immer wieder als beliebtes Bildthema gewählt. Wir erwähnen an dieser Stelle lediglich Walter Leistikow, Eugen Bracht und Lyonel Feininger sowie die Stralsunder Künstler Karl Bock, Tom Beyer, Edith Dettmann, Erich Kliefert und Hermann Lindner. Die Insel Rügen in der neueren Literatur und Dichtung – das ist ein Thema, das eine Sonderuntersuchung beansprucht und hier nur angedeutet werden kann. Immerhin wären Namen zu nennen wie Theodor Fontane, Gerhart Hauptmann, Max Dreyer, der auf Mönchgut bestattet liegt, aber auch August Strindberg, und in neuester Zeit KuBa und Herbert Nachbar.

Die um die Mitte des vorigen Jahrhunderts aufkommende Flut wenigsagender Reiseführer können wir ebenso abtun wie die zahlreichen kitschigen Bäderromane.

Als 1895 Fontane seine Effi Briest nach Saßnitz zur Erholung reisen ließ, da hatte bereits die Entwicklung des rügenschen Badewesens begonnen. Über diese Entwicklung gilt es nun Bemerkungen nachzutragen.

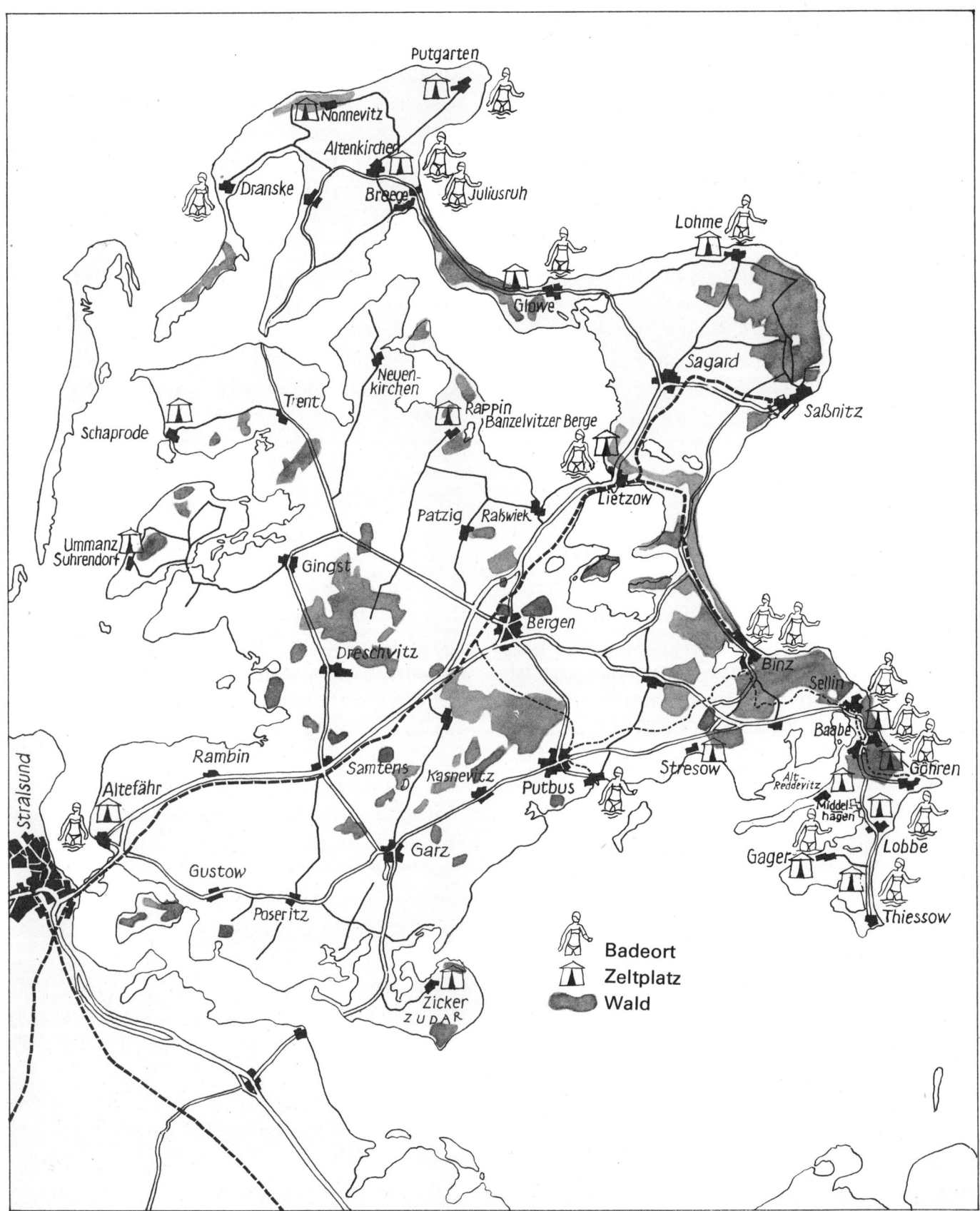

Badeorte gestern und heute

Nicht Binz, Sellin oder Göhren, nicht jene Ostseebäder, die gegenwärtig die meisten Erholungsuchenden aufnehmen, stehen am Anfang des rügenschen Badebetriebes. Die ersten Badegäste lenkten vielmehr ihre Schritte in einen Ort, den man heute fast zu übersehen scheint: Sagard. Das ist annähernd zweihundert Jahre her. Wenn wir dem schon genannten Johann Friedrich Zöllner glauben wollen, dann hielten sich »des Bades wegen« bereits um 1750 einzelne Personen »zur Wiederherstellung ihrer Gesundheit« in dem vom Meere abgelegenen Ort auf. Die Ostsee war es auch nicht, die diese frühen Gäste bewog, Rügen aufzusuchen. Sie benutzten eine Mineralquelle, die mit der sogenannten Middel- und Schlonerbäk eisen- und kohlensäurehaltiges Wasser führte. Da Sagard jedoch um die Mitte des 18. Jahrhunderts keinerlei Voraussetzungen für die Aufnahme von Fremden hatte, blieben die Kurgäste bald wieder fern. Erst im Jahre 1794 begründete Pastor Heinrich Christoph von Willich die »Brunnen-, Bade- und Vergnügungsanstalt«. Dazu wurden nicht nur ein Badehaus mit »steinernen« Bädern und über der Quelle ein turmartiges Gebäude errichtet, sondern auch eine Grünanlage, die Brunnenaue mit offenen und dichten Lauben, schattigen und freien Plätzen, geschaffen. Der Landphysikus von Rügen, Dr. Moritz von Willich, ein Bruder des Sagarder Pfarrers, amtierte gleichzeitig als Brunnenarzt und verordnete Trinkkuren sowie warme und kalte, Spritz-, Tropf-, Knie- und Fußbäder.

Doch er tat noch mehr. Er verfaßte Schriften wie »Neuere Nachrichten von dem Sagarder Gesundbrunnen«, die Vorzüge des Ortes und des Bades erläutern und für die Anlage werben sollten. Wir hören von Brunnenwirten und einer Badedirektion, die eine »Ordnung beim Gesundbrunnen zu Sagard auf Jasmund« erließ, und lassen uns berichten, daß für Vergnügungen mannigfacher Art mit Spieltischen, Karussells und Kegelbahn, mit Musik und Tanz gesorgt war. Natürlich galt es, dafür eine entsprechende »Badetaxe« zu zahlen, die immerhin eine Höhe erreichte, die nur hinlänglich begüterte Personen als erschwinglich bezeichnen konnten. Der rührige v. Willich hatte vor, einen Eiskeller und einen Karpfenteich anzulegen, ja sogar ein Lustschloß zu erbauen – Pläne, die freilich niemals verwirklicht worden sind. Aber es gelang ihm doch, einen Weg durch die Waldungen der Stubnitz zu bahnen und dort für seine Gäste eine Unterkunft errichten zu lassen.

Leider war dem Gesundbrunnen zu Sagard nur eine kurze Lebensdauer beschieden. Während der französischen Okkupation zu Beginn des vorigen Jahrhunderts ging der Betrieb ein. Heute weist lediglich der Flurname »Brunnenaue« auf die Nutzung dieser Mineralquelle hin und erinnert damit an das älteste rügensche Bad.

Einen schnellen Aufstieg, aber fast ebenso raschen Abstieg nahm auch das zweite Inselbad Putbus. Bei einer Gegenüberstellung treten indessen Unterschiede offen zutage.

So legten bei dem südrügenschen Ort die gesellschaftlichen Verhältnisse eine bestimmte Ausrichtung fest; denn an der Gründung und Entwicklung dieses »Luxusbades« hatte Fürst Malte von Putbus, der seinerzeit größte und einflußreichste Vertreter des heimischen Feudaladels, maßgeblichen Anteil. Es überrascht deshalb auch nicht, wenn wir bereits ab 1816, dem Eröffnungsjahr des Badebetriebes, die »Allerhöchsten Herrschaften« – so steht es in den zeitgenössischen Berichten – unter den Putbusser Gästen erblicken. Das waren Könige und Prinzen, es waren ferner Reichsgrafen, Rittergutsbesitzer und hohe Militärs. Malte, der bedeutende Teile der Insel als Eigentum besaß und für den fast ein Heer von rügenschen Menschen arbeitete, ließ sich die Anlage des neuen Badeortes etwas kosten. Doberan und Heiligendamm sollten wohl zunächst Vorbild sein. Doch mit dem im Jahr 1818 fertiggestellten Badehaus an der Goor, dem von 1819 bis 1821 erbauten Theater, mit der Orangerie, dem Kursaal und den Gästehäusern, mit den großzügig angelegten Alleen, dem Wildgehege und den seltenen Gehölzen des Parks übertraf er bald die um wenige Jahrzehnte älteren mecklenburgischen Bäder. Außerdem hatte Putbus, was Sagard nicht zu bieten vermochte: den Zugang zur See. Hier wurde nicht nur in Wannen warm gebadet. Wenige Schritte vom Badehaus entfernt befand sich die »kalte« See. Man badete vor 180 Jahren freilich anders, als wir es heute gewohnt sind. Der »Reisegesellschafter durch Rügen«, ein Buch, das 1823 in Berlin erschien, gibt uns darüber eine aufschlußreiche Schilderung. »Wer sich des kalten Seebades bedienen will, es aber nicht liebt, sich im Freien zu entkleiden, benutzt einen der Badekarren. Auf einer kleinen Treppe steigt der Entkleidete ins Bad – und auch die züchtigste der Frauen darf sich nicht scheuen, eines solchen Badekarrens sich beim Baden zu bedienen, denn außer, daß solcher an den Seiten bekleidet ist, auch die Eingangstür verschlossen werden kann, ist auch dafür gesorgt, daß durch einen seewärts niederzulassenden Vorhang die Badende sich dem Blicke jedes Lauschenden gänzlich entziehen kann.«

Wenn sich während der ersten Jahre des Badebetriebes wie in Sagard auch in Putbus drei- bis vierhundert Bade- oder Kurgäste eingestellt hatten, so verringerte sich die Besucherzahl schon nach 1850. Die See bei Putbus oder Lauterbach war eben doch nicht die offene See, sondern lediglich das Wasser des Greifswalder Boddens. Auch Versuche, diese rückläufige Entwicklung aufzuhalten etwa dadurch, daß man für die Putbusser Gäste in Ahlbeck bei Binz Badebrücken erbauen, für die Frauen Badekarren heranschaffen und für die Männer Badehütten errichten ließ, blieben erfolglos. Als dann schließlich 1863 das nach Entwürfen Schinkels in der Zeit von 1827 bis 1831 veränderte Schloß im Park zu Putbus ausbrannte, schien der Ort seine Anziehungskraft zusehends zu verlieren.

Um diese Zeit pflegte man jedoch, wenn vom rügenschen Badewesen die Rede war, schon einen anderen Inselort zu nennen. Eigentlich waren es zwei nahe beieinander gelegene Dörfer, Crampas und Saßnitz, die – 1906 zu der Gemeinde Saßnitz vereinigt – nun den größten Teil der Rügenbesucher aufnahmen. Sehen wir von einzelnen Gästen in den zwanziger Jahren des vorigen Jahrhunderts ab, dürfte die zügige Entwicklung des Badeortes Saßnitz unmittelbar nach 1860 begonnen haben. 1872 weilten

44

Badekarren

dort bereits mehr als 1 000, 1876 etwa 2 000, 1883 über 3 000 und 1887 gegen 4 000 Bade- und Kurgäste. Um die Jahrhundertmitte wahrten Saßnitz/Crampas freilich noch ihren ausgesprochen dörflichen Charakter. Der gute Rügenkenner Ernst Boll wußte nach wochenlangem Saßnitz-Aufenthalt zu berichten, daß »die Häuser mit ihren Ställen und Dunghöfen sehr zusammengedrängt liegen, wodurch die Frische der Luft sehr beeinträchtigt wird, die überdies auch noch durch den Rauch, worin die Bücklinge, Flickhäringe, Spickflundern und Spickaale bereitet werden, keine angenehme Zugabe erhält. In den einfachen Wohnungen der Leute finden die Badegäste Aufnahme. Der einzige Schmuck der Zimmer besteht in einem blendend weißen Kreideanstrich und etwa einer Kante von frischem Epheu, die dicht unter der Zimmerdecke sich herumziehend an den Wänden festgenagelt ist, und einem Zweig des schö-

Binz, Familienbad um 1910

45

nen Hülsbusches, welcher hinter dem Spiegel gesteckt ist; hin und wieder wird auch der Fußboden noch mit Knirkblättern (Juniperus) bestreut... Das Ameublement ist sehr einfach und beschränkt sich fast nur auf Tische und Stühle, doch findet man jetzt hin und wieder schon eine Sopha; Schränke und Kommoden... sind aber nur in den wenigsten Wohnungen vorhanden...

Was die Amüsements betrifft, die man sich verschaffen kann, so bestehen dieselben in Spaziergängen oder in Spazierfahrten zu Wasser und zu Lande; für erstere findet man in beiden Dörfern Boote, für letztere liefert Crampas allein die Wagen, zwar keine Kutschen oder elegante Berlinen, sondern nur ganz einfache himmelblau angestrichene Leiterwagen ohne Springfedern und Verdecke, auf denen der Fahrende auf eine seine Verdauung sehr befördernde Weise zusammengerüttelt wird.«

1869 entstand der erste größere Hotelbau »Zum Fahrnberg«. Und im Verlauf weniger Jahre erhielt Saßnitz auch durch eine Überformung seiner alten Fischerhäuser, durch Um- und Anbauten, durch Errichtung von Veranden und Balkons, ein völlig neues Gesicht. Dieser von kapitalistischen Bodenspekulationen begleiteten Bautätigkeit lagen weder vernünftige Vorstellungen für die Gestaltung einzelner Gebäude noch Ansätze einer vorausschauenden Planung für den Ort im ganzen zugrunde. Der Badeort am Rande jener unvergleichlich schönen Stubnitzlandschaft spiegelte in vielem die wirtschaftlichen und gesellschaftlichen Verhältnisse Deutschlands vom letzten Drittel des vorigen Jahrhunderts wider.

Wenn in Putbus der Feudaladel den Ton bestimmt hatte, so trat in Saßnitz das Großbürgertum an dessen Stelle. Großkaufleute, Fabrikanten, Bankiers und hohe Gerichts- und Verwaltungsbeamte gaben sich hier Jahr für Jahr ihr Stelldichein. Die erhaltenen Ausgaben des »Bade-Couriers« und die Fremdenlisten gewähren uns mancherlei Einblicke in die soziale Struktur dieser Badegesellschaft. So finden wir unter den Gästen des Jahres 1877 immerhin 106 Kaufleute, 92 Staatsbeamte, 53 Justizräte und 24 Fabrikbesitzer. Zehn Jahre später sind es bereits 813 Kaufleute und 169 Fabrikanten, von denen einzelne offenbar sehr darauf bedacht waren, als »Großindustrielle« gewertet zu werden. Von einem Arbeiter ist hingegen niemals die Rede. Im Jahre 1877 erschienen in Saßnitz/Crampas 52 Gäste mit Kammerfrau, »Jungfer« oder Diener. 1879 ließen sich schon 129 Personen mit »Bedienung« anmelden.

Saßnitz um 1900

Saßnitz Mitte des 19. Jahrhunderts

Saßnitz gestaltete sich mehr und mehr zu *dem* Modebad, in dem sich auch viele kapitalkräftige Ausländer einfanden. 1887 waren bereits Badegäste aus der Schweiz, aus Rußland, Polen, Österreich, Ungarn, Serbien, aus England, Frankreich, Schweden, Belgien, Holland und sogar aus Nord-, Süd- und Mittelamerika und aus Afrika vertreten. Diese internationale Note trat noch stärker hervor, als der Ort durch den Eisenbahnbau Bergen–Saßnitz im Jahre 1891 leichter erreicht werden konnte. 1876 hatte Johannes Brahms sich bitter über die unzulänglichen Verkehrsmöglichkeiten beklagt. Dieser Zustand änderte sich nun auch durch regelmäßig befahrene Dampferlinien, die Jasmund mit den Städten des Festlandes verbanden.

Werfen wir noch einen Blick auf den Badebetrieb, so erkennen wir, daß sich das »Modebad« auf eine Weise präsentierte, die schon Zeitgenossen längst nicht mehr in jedem Fall als modisch empfanden. »Herrenbad« und »Damenbad« waren nicht nur mit Brettern verkleidet, sondern auch räumlich weit voneinander entfernt. Den männlichen Badegästen war das Betreten von Wegen, die entlang dem sogenannten Damenbad führten, verboten. Zwei junge Mädchen hatten sich um 1900 »ganz unmöglich gemacht und mußten schleunigst abreisen«, weil sie »den (mit Badeanzügen hinlänglich bekleideten) Herren beim Baden mit dem Fernglas zugeschaut hatten«. Erst im Jahre 1908 – später als in den anderen Ostseebädern – ent-

Sagard im 19. Jahrhundert

Badehaus an der Goor

Theater Putbus

FDGB-Ferienbauten in Binz »Ostseeperle« Glowe

FDGB-Ferienheim Binz

Am Badestrand von Binz

Zeltplatz Putgarten

Badenixe

Strandszene

Sundschwimmen 1983

Der letzte Strandkorb

Kleinbahn in der Granitz

Museum Göhren

Flachsschwingen

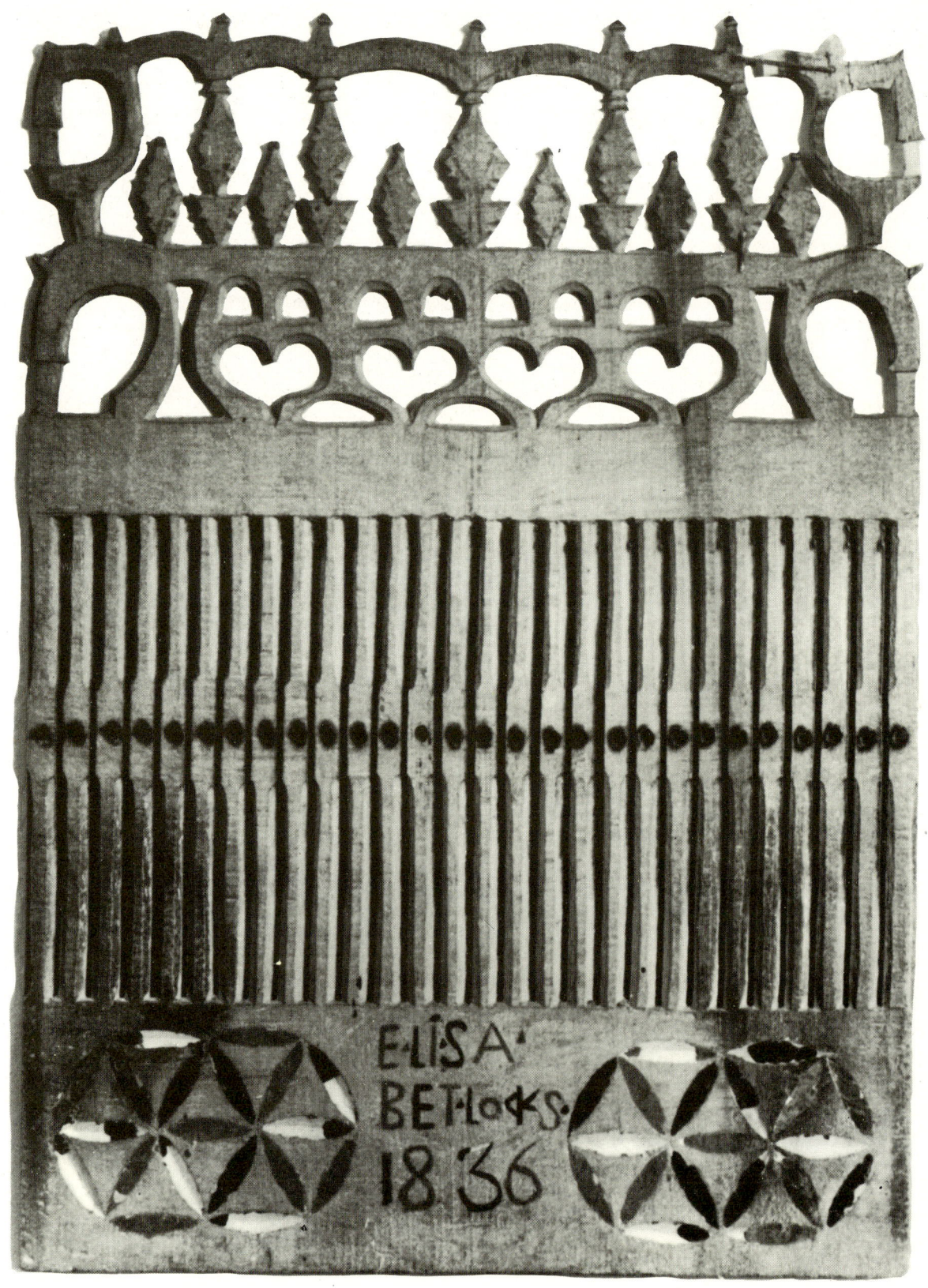
Webbrett

Rauchkaten Göhren

Museumsschiff »Luise«   Handwerkermuseum Gingst

Saßnitz um 1900

schloß sich die Saßnitzer Badeverwaltung, ein Familienbad einzurichten.

Um diese Zeit war der Höhepunkt in der Entwicklung des Badeortes bereits überschritten. Wenn Theodor Fontane noch 1895 in seinem Roman »Effi Briest« meinte, daß »nach Rügen reisen nach Saßnitz reisen heißt«, und dabei an einen Bade- und Kuraufenthalt dachte, so sollten sich die Verhältnisse wenige Jahre später grundlegend ändern. Der Jasmunder Badeort wurde in kurzer Zeit vom Konkurrenzbad Binz weit überflügelt. Saßnitz erfuhr dagegen einen Strukturwandel zum Touristenort, den nunmehr Rügenreisende gleichsam als Zwischenstation für einen Besuch des Kreide- und Waldgebietes der Stubnitz wählten. Daß Binz und die anderen Rügenbäder später zur Entfaltung kamen, will uns merkwürdig erscheinen, nicht zuletzt deshalb, weil der Strand am Granitzgebiet und auf Mönchgut – im Gegensatz zu Saßnitz – ideale Bademöglichkeiten bietet. Erst für das Jahr 1882 sind in den Fremdenlisten der Insel Binz und Göhren als Badeorte erwähnt. 1884 kamen Lohme, 1887 Breege, Sellin und Thießow und 1898 Baabe hinzu.

Prüfen wir indessen die früheren Besitzverhältnisse, stellen wir fest, daß die Waldungen der Granitz und Binz im Bereich des »Hauses« Putbus waren. Und dies bedeutete zugleich, daß nur mit Zustimmung des Fürsten die Nutzung des Badestrandes erfolgen durfte. Als gegen Ende des vorigen Jahrhunderts der Badebetrieb sowohl auf Usedom als auch an der mecklenburgischen Küste kapitalistische Formen annahm, als sich vielerorts Bodenspekulationen größten Ausmaßes abzeichneten, zeigte auch Wilhelm Fürst zu Putbus »reges Interesse für seinen neuen Schützling« – für Binz. Sein Interesse entsprang offensichtlich keineswegs uneigennützigen Erwägungen. Wenn wir im »Rügenschen Kreis- und Anzeigenblatt« vom 27. April 1893 lesen, daß ihm der Binzer Badestrand allein jährlich 6 000–7 000 Mark Pachtgelder einbrachte, und wenn wir ferner hören, daß nach 1900 sogar das Kurhaus in seinen Besitz gelangte, dann fällt es freilich schwer, Worte von »selbstloser Förderung« noch ernst zu nehmen. Binz wurde das große Geschäft – oder sollte es jedenfalls werden. Denn als 1888 die Bankiers Friedländer und Gebrüder Sommerfeld die »Aktiengesellschaft Ostseebad Binz« begründeten, setzte eine fieberhafte Bautätigkeit ein, die bald Hotels und Pensionen in ganzen Straßenzügen entstehen ließ. Doch diese monopolistische Entwicklung erwies sich als Fehlspekulation. Das Aktienunternehmen brach zusammen. Und das immer noch beachtliche Erbe trat neben anderen »Seine Durchlaucht«, der Fürst zu Putbus, an.

Die »feine« Badegesellschaft schien indes von diesen Konkursgeschäften wenig Notiz zu nehmen. Zu ihr gehörten Vertreter der gleichen Gesellschaftsschicht, die wir von Saßnitz her kennen: Kaufleute, Bank- und Gerichtsbeamte, Kommerzien- und Geheimräte, Guts- und Fabrikbesitzer – überwiegend Menschen also, für die andere durch ihrer Hände Arbeit das Kapital erbrachten. An diesen Zuständen änderte auch die Ära des Dritten Reiches nichts. So weist die Statistik des Jahres 1938 von 6 513 Binzer Badegästen lediglich 20 Arbeiter aus. Das waren nur 0,3 Prozent. Erst mit dem Jahre 1945 trat der Wandel ein.

Bevor diese Entwicklung einsetzen und den Bädern das neue Gepräge verleihen konnte, galt es auch hier, die Folgen des zweiten Weltkrieges zu überwinden – galt es, das trostlose Erbe der faschistischen Herrschaft aus dem Wege zu räumen. Doch es währte nicht lange, da begannen die Rügener oder Rüganer – wie sich die Inselbewohner selber nennen – vielerorts mit der Instandsetzung von Kurhäusern, Hotels und Pensionen. Unter dem weißen Anstrich der Gebäude verschwanden alte Namen wie »Hotel Hohenzollern«, »Fürst Bismarck« und »Friedrich-Wilhelm-Bad«. An deren Stelle traten nun Namen von Menschen, die ihr Leben für das Neue hingegeben hatten. Edgar André, jener kommunistische Hafenarbeiter, der 1936 auf persönlichen Befehl Hitlers ermordet wurde, und Mathias Thesen, der bekannte tapfere Widerstandskämpfer, der zu den Opfern des Konzentrationslagers Sachsenhausen zählt, gehören dazu.

In Binz, Baabe, Sellin, Gören und Thießow, in Lauterbach und Putbus zogen nun Gäste ein, die Rügens Badeorte noch nie gesehen hatten: Arbeiter aus den sächsischen Bergbaubetrieben, aus den Hüttenwerken, den Maschinenfabriken, den Werften und Bauern auch aus entlegenen Dörfern. Versuchen wir es, den Anteil der Arbeiter an den Bade- und Kurgästen der heutigen Inselbäder zu ermitteln, dann gelangen wir allein bei Binz schon im Jahre 1952 auf etwa 40 und im Jahre 1958 bereits auf mehr als 44 Prozent. Hinzu kommen Angestellte, Bauern und Vertreter der Intelligenzberufe. Arbeitende Menschen sind es also, die gegenwärtig in dem großen Feriengebiet der Deutschen Demokratischen Republik Erholung und Entspannung suchen und finden.

Das Besondere dabei ist, daß eine Reise an die Ostsee und der mehrwöchige Aufenthalt auf Rügen heute keineswegs allein durch finanzielle Mittel der Feriengäste ermöglicht werden.

Seit 1947 öffneten an den landschaftlich schönsten Stellen der Insel zahlreiche Häuser des Freien Deutschen Gewerkschaftsbundes ihre Türen. Darüber hinaus verfügen Großbetriebe der volkseigenen Wirtschaft über Gebäude und Anlagen, die für Betriebsangehörige bereitstehen. Wir wollen in diesem Zusammenhang nur die Heime des Stahl- und Walzwerkes Riesa sowie der Filmfabrik Wolfen in Binz, der Reichsbahn Halle in Baabe und des Kombinats Eisenhüttenstadt im Badehaus Goor bei Lauterbach nennen. Übersehen dürfen wir ferner keineswegs die Häuser des Reisebüros der DDR und auch nicht die vielen Kinderheime und Kinderferienlager. Ja, in einzelnen Fällen tun wir gut, von Ferien- und Erholungsorten der Kinder zu sprechen. Das trifft jedenfalls für Glowe zu und für Wiek auf Wittow, wo jährlich etwa 8 000 Kinder aus den Großstädten, liebevoll betreut, Ferienwochen bei Baden, Spiel und Sport verbringen.

Daß unserer Jugend auch bei ihrer Freizeitgestaltung die besondere Fürsorge des Staates zuteil wird, erkennt wohl jeder, der das Ferienlager der Jungen Pioniere »Edgar André« zwischen Göhren und Lobbe besucht oder die geschmackvoll hergerichteten Jugendherbergen »Ernst Moritz Arndt« in Glowe, »Gerhart Hauptmann« in Dranske, »Jupp Angenfort« in Sellin oder das Jugendhotel »Heinz Kapelle« in Binz in Augenschein genommen hat. Jahr für Jahr erobert sich die Jugend in zunehmendem Maße die Insel. Die »Eroberungszüge« nehmen vor allem von den rügenschen Zeltplätzen ihren Ausgang. Bislang sind im Bereich des Küstenstreifens 18 Campingplätze vorhanden, von denen die auf dem Wittower Bakenberg und zwischen Baabe und Göhren gelegenen wohl die größten, vielleicht auch die schönsten sein dürften.

Der Besuch Rügens nahm während der letzten Jahre einen erstaunlichen Umfang an. Urlauberzahlen, wie sie bisher noch nie beobachtet werden konnten, sprechen für sich. Bereits im Jahre 1957 waren mit 133 175 Urlaubern die Vorkriegsziffern weit überschritten. 1961 erholten sich schon mehr als 300 000 und 1984 insgesamt 854 406 Menschen auf der schönen Ostseeinsel.

Fast möchte man meinen, daß mit dieser starken Belegung die Rügenbäder nunmehr ausgelastet seien. Es ist deshalb zu begrüßen, daß künftig auch die von der Ostsee abgelegenen – doch landschaftlich äußerst reizvollen – Inselteile mehr und mehr als Erholungsgebiet erschlossen werden sollen. Zu denken wäre dabei vor allem an die bewaldeten Partien der Jasmunder Bodden-Randzone und an das Putbusser Revier. Aber auch die bekannten Ostseebäder erfuhren im Verlauf der Jahre mannigfache Bereicherungen. So konnte bei der Erweiterung von Binz mit mehreren Bettenhäusern, die annähernd 4 500 Gäste aufzunehmen vermögen, 1982 der dritte Bauabschnitt vollendet werden. In der Planung ist hier auch der Bau einer großen Schwimmhalle vorgesehen. Und damit erfolgt zugleich der Übergang zu einer ganzjährigen Nutzung dieses Ostseebades.

Daß es bei dieser großzügigen Entwicklung des See-Urlauberzentrums Rügen über die Unterbringung der Gäste hinaus besondere Fragen zu klären gilt, versteht sich von selbst. Man braucht nur auf die Schwierigkeiten bei der Verpflegung vieler tausend Urlauber in den Ferienorten hinzuweisen, um deutlich zu machen, wie umfangreich allein die Aufgaben unserer Versorgungseinrichtungen sind. Das Problem einer schnellen und ausreichenden Belieferung konnte indessen weitgehend durch den Bau neuer Betriebe der Nahrungsmittelindustrie in der Kreisstadt Bergen gelöst werden. Da ist zunächst das Kombinat Milchwirtschaft zu erwähnen, das an einem Tage 300 000 kg Milch zu verarbeiten vermag. Hinzu kommen der volkseigene Betrieb Brot und Backwaren, von dem wir erfahren, daß während der Urlaubersaison monatlich 380 000 Roggenbrote und 60 000 Weizenbrote die im Jahre 1970 eingerichtete »Brotlinie« verlassen, und schließlich der im Jahre 1958 fertiggestellte VEB Fleischwirtschaft Rügen.

Überdies wollen alle Erholungssuchenden mit den entsprechenden Verkehrsmitteln befördert werden. Auch im Hinblick darauf sollten wir uns noch einmal die bereits genannten Zahlen vergegenwärtigen. 1984 weilte schon über eine dreiviertel Million Urlauber auf Rügen, und in dieser Zahl sind noch keineswegs die Touristen einbegriffen, jene in- und ausländischen Gäste nämlich, die der Insel nur einen kurzen Besuch – etwa am Wochenende – abstatten.

Wer seine Ferien hier verlebt hat, der muß wenigstens einmal mit der anekdotenumwobenen Kleinbahn gefahren sein. 1985 konnte der »Insel-Expreß« sein neunzigjähriges Bestehen feiern. Als sich am 23. Juli 1895 die Lokomotive mit fünf girlandenbehangenen Wagen von Putbus ostwärts in Bewegung setzte, da dauerte die »Jungfernreise« bis Binz, für die ursprünglich eine Zeit von dreißig Minuten vorgesehen war, länger als drei Stunden. Das war bei der damaligen Situation erklärlich; denn unter den Ehrengästen in den Zugabteilen befanden sich »die Herren Guts- respektive Ortsvorsteher, deren Terrain von dem Bahngeleise berührt wird.« Durch deren »Besprechungen und Erörterungen war die Fahrzeit eine so ausgedehnte«.

Die Geschichte der insularen Kleinbahn, die auf der Bäderlinie 1896 Sellin und drei Jahre später Göhren erreichte und die ab 1896 mit den Verbindungen Altefähr-Putbus den Südteil und Bergen–Altenkirchen den West- und Nordteil Rügens verkehrsmäßig erschloß, führt uns eindrucksvoll die »gutsherrlichen« Verhältnisse des 19. Jahrhunderts vor Augen. Es erscheint heute wie ein Schildbürgerstreich, wenn wir die Verhandlungen der neunziger Jahre des vorigen Jahrhunderts verfolgen und uns von den Herren Rittergutsbesitzern erläutern lassen, »daß die Bahnstrecken für die einzelnen Orte nur sehr störend und unangenehm werden ... und man jetzt schon gar nicht genug aufpassen kann, damit kein Vieh etc. überfahren wird«. Diese Eingaben, die dicke Aktenbände füllen, waren durchaus von Erfolg gekrönt; denn Projekte wie etwa ein Bahnbau von Rambin bis Gingst gelangten ad acta. Betrachten wir überdies die ehemalige Gleisführung des nach fast unüberwindlich scheinenden Schwierigkeiten doch noch zustande gekommenen Kleinbahnnetzes auf der Rügenkarte, so wird deutlich, wie gut die Anlieger ihre Rechte zu wahren wußten. Die Schienenwege hatten einmal große Feldmarken zu umlaufen und andernorts völlig entlegene Stellen zu erreichen – ganz so, wie es die Grundbesitzer wünschten.

Die Auswirkungen waren freilich dementsprechend. Eine Fahrt von Altefähr über Garz bis Putbus dauerte seinerzeit bei der Luftlinienentfernung von nur achtzehn Kilometern annähernd zweieinhalb Stunden.

Am meisten wurde seit Eröffnung des Kleinbahnbetriebes die gegenwärtig noch befahrene Strecke von Putbus bis Göhren benutzt. Wenn an Sommertagen die Wagen mit den ankommenden oder abreisenden Feriengästen voll besetzt sind, will es uns scheinen, als wenn die kleine Lokomotive die Steigungen in Nähe des Haltepunktes Jagdschloß nur mit äußerster Kraft überwindet. Wer einmal Gelegenheit hatte, im Winter Ostrügens Bäder aufzusuchen, dem wird eine Kleinbahnfahrt durch die tiefverschneiten Granitzwaldungen lange in Erinnerung bleiben.

Aber – man braucht Zeit. Es geht auf dieser Bahnlinie eben nicht so schnell. Für Leute, die es eilig haben – und nicht nur für diese –, hält hingegen der 1953 gegründete volkseigene Betrieb Kraftverkehr zahlreiche Omnibusse bereit. Sie werden auch für Sonderfahrten eingesetzt, die den Inselgästen die Möglichkeit gewähren, den festländischen Teil des Ostseebezirkes mit den größeren Städten kennenzulernen. Wenn wir von den Verkehrseinrichtungen sprechen, dürfen wir keineswegs die Weiße Flotte außer acht lassen, die täglich in See sticht und deren Reisen sich eines lebhaften Zuspruchs erfreuen.

Der Gedanke an Ferien auf Rügen wird wohl immer zunächst Vorstellungen von Ostsee, Sandstrand, Baden und Wandern erwecken. Es irrt jedoch jeder, der annimmt, daß die Insel darüber hinaus nicht noch anderes zu bieten vermöge. Der Rat des Kreises ist zusammen mit den Gemeinde- und Bäderverwaltungen eifrig bemüht, den Aufenthalt der Gäste so angenehm und abwechslungsreich wie möglich zu gestalten. Schon ein flüchtiger Blick auf die

Veranstaltungsprogramme läßt die Vielfalt des kulturellen Geschehens erkennen. Neben niveauvollen Vorträgen, neben Klubgesprächen zu Fragen der Literatur und Kunst wird mit guten Gründen auf die Bibliotheken, auf die Insel-Museen und das Insel-Theater hingewiesen.
Im Jahre 1963 eröffnete das mit viel Liebe und Geschick aufgebaute Heimatmuseum Göhren seine Räume. Es vermittelt in didaktisch gelungener Form einen Überblick über die Entwicklung Mönchguts. Die thematische Begrenzung ist gerechtfertigt; denn diese Halbinsel bewahrte sich im Verlauf ihrer wechselvollen Geschichte viele Eigenheiten, die es verdienen, gesondert herausgestellt zu werden. Wir lernen die einfache Wohnung der alten Mönchguter sowie ihr Haus- und Arbeitsgerät kennen, bei dem die verzierten Flachsschwingen und geschnitzten Webbretter sicher nicht nur dem Volkskundler bemerkenswert erscheinen. Wir lassen uns über die Bedeutung der Hausmarken unterrichten und gewinnen eine Vorstellung von früheren und neuen Fangmethoden der einheimischen Fischer und mit dem Museumsschiff »Luise« von der Küstenmotorschiffahrt. Wir verfolgen die Entwicklung vom leibeigenen Bauern bis zum vollgenossenschaftlichen Dorf und den Strukturwandel Göhrens zum Badeort. Das besondere Interesse des Museumsbesuchers richtet sich zweifellos auf die weithin bekannte Mönchguter Tracht mit den weißen Hosen, der rotblau gestreifen Weste und der kur-

Mönchguter Tracht (historische Abbildungen)

Mönchguter Hochzeitszug (historische Postkarte)

zen schwarzen Jacke der Männer, mit dem dunklen Mieder, dem schweren Rock, mit der zumeist gestreiften Schürze, dem farbigen Halstuch und der kegelförmigen Kopfbedeckung der Frauen. Diese Kleidung wurde freilich schon um die letzte Jahrhundertwende von dem größten Teil der Bevölkerung abgelegt. Heute sehen wir sie lediglich in den Ausstellungen der Museen von Göhren und Stralsund und bei Auftritten von Kulturgruppen der Insel, die damit wertvolle volkskundliche Traditionen lebendig halten.

Wenn in Göhren auf die Halbinsel Mönchgut aufmerksam gemacht wird, steht die Darstellung früherer Arbeits- und Lebensbedingungen von Bewohnern westrügenscher Dörfer im Mittelpunkt des Handwerkermuseums Gingst.

Ganz zu Unrecht wird gegenwärtig ein anderes Insel-Museum viel zu sehr übersehen. Wir meinen das Ernst-Moritz-Arndt-Museum zu Garz. Es verdankt seine Entstehung der Tatkraft und dem unermüdlichen Einsatz eines Mannes, der sich auch um die Heimatgeschichte verdient gemacht hat: Ernst Wiedemann. Schon 1929 begann der Garzer Lehrer und Kantor mit dem Aufbau des kleinen Instituts, das er bis zu seinem Tode im Jahre 1958 unter Mithilfe vieler Rügener beachtlich zu fördern verstand. Gegenwärtig steht das Lebenswerk des großen Sohnes der Insel, Ernst Moritz Arndts, im Mittelpunkt der Schausammlungen. Dabei erhalten wir zugleich einen Einblick in die ehemaligen sozialen Verhältnisse der Bewohner, in die sozialen Nöte der früher rechtlosen und unterdrückten Landbevölkerung. Das Museum empfing nach einer gediegenen Umgestaltung, die im Dezember 1969, anläßlich des 200. Geburtstages Arndts, abgeschlossen wurde, viele Gäste des In- und Auslandes. Besonders erfreulich ist es, daß sich heute in zunehmendem Maße junge Besucher in den Räumen des Hauses in Nähe des slawischen Burgwalles einfinden. Wir beobachten den Lehrer mit seinen Schülern bei der anschaulichen Gestaltung des Geschichtsunterrichtes ebenso wie Studiengruppen der Freien Deutschen Jugend und der Universitäten. Die Entwicklung der gesellschaftlichen Verhältnisse von der Feudalherrschaft bis zur Gegenwart bildet auch das Thema von Ausstellungen im Jagdschloß Granitz, das als künftiges Jagd- und Forstmuseum für diesen Zweck gut geeignet ist. Damit wird zugleich die Aufmerksamkeit auf Putbus gelenkt, das während der nächsten Jahre als Erholungsgebiet des Freien Deutschen Gewerkschaftsbundes eine neue Note erhält. In dieses Vorhaben sollen auch die im klassizistischen Stil errichteten Gebäude wie die 1977 restaurierte Orangerie mit einbezogen werden.

Bei der Erwähnung des Namens Putbus lassen wir uns ferner an jene Kulturstätte erinnern, die heute aus dem Leben der etwa 85 000 Inselbewohner und ihrer Gäste nicht mehr wegzudenken ist: das Theater Putbus. Während der letzten Jahre war eine äußerst erfreuliche Entwicklung der Bühne zu beobachten. Sie zeichnete sich nicht nur im Ansteigen der Besucherzahlen, sondern mehr noch durch eine beachtliche Qualität der Aufführungen ab.

Seit dem 1. Januar 1976 wird die Putbusser Bühne regelmäßig von dem Theater der Stadt Stralsund bespielt und auch gerne von anderen Ensembles der Republik genutzt. Auf diese Weise gelingt es zugleich, anspruchsvolle Werke aufzuführen. Die Besucher der Theater- und Konzertveranstaltungen sind während der Wintermonate vor allem die Genossenschaftsbauern, Fischer und Arbeiter der jungen rügenschen Industriebetriebe, zu denen sich an den Sommerabenden die Feriengäste gesellen. Wenn wir hören, daß in dem ehemaligen Hoftheater des Fürsten, das, mit großzügiger Unterstützung unseres Staates erweitert und erneuert, 1953 seine Pforten öffnen konnte, sich stets ein äußerst dankbares Publikum einfindet, dann ist dies ein schöner Ausdruck für das Neue, das auch im kulturellen Bereich seinen Einzug auf der Ostseeinsel gehalten hat.

Mönchguterin am Spinnrad (ca. 1900)

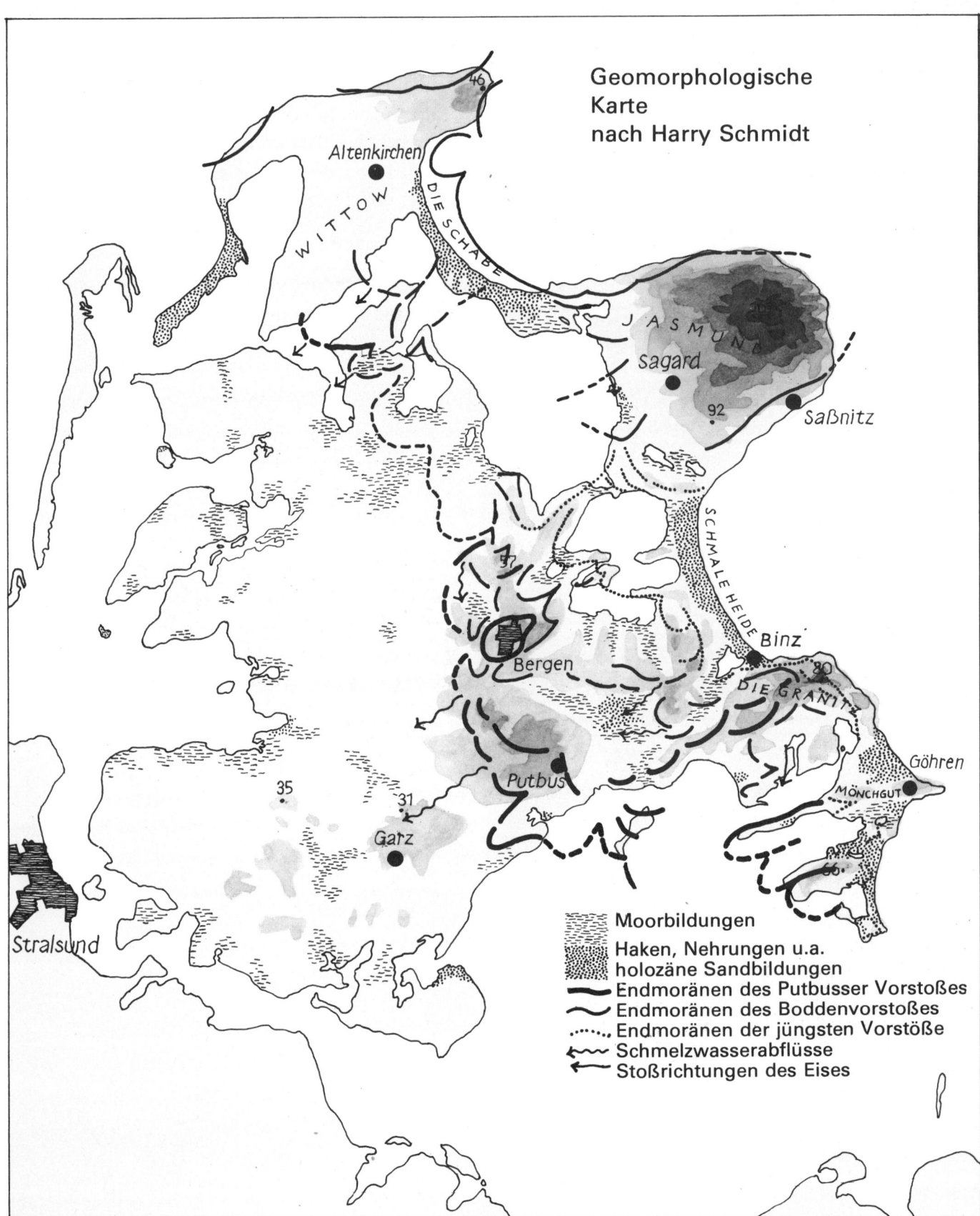

Hoch- und Niederrügen

Wir sagten es schon: wer als Feriengast Rügen besucht, möchte wohl immer zunächst die See erleben. Doch jeder, der mit offenem Auge seine Schritte küsteneinwärts lenkt, wird bald überrascht interessante Feststellungen treffen. Denn hier, in dem 973 Quadratkilometer großen Inselkreis, begegnet man einem landschaftlichen Formenreichtum, der für die Nordbezirke der Republik in der Tat einmalig ist.
Diese Vielfalt beschränkt sich keineswegs auf den Wechsel von Erhebungen und Tälern in mannigfacher Gestalt. Sie beginnt bereits in der Küstenzone mit ihren verschiedenen Ausprägungen. Überall dort, wo die Landerhöhungen fast senkrecht zum Meer abfallen und die Brandungswellen der Ostsee ihre zerstörende Kraft deutlich zu zeigen vermögen, beobachten wir jene schroffen Formen der Steilufer, die uns im Kap von Arkona, an der Kreideküste Jasmunds und beim Nordperd von Göhren eindrucksvoll entgegentreten.
Die ununterbrochene Tätigkeit des bewegten Meeres äußert sich indessen nicht nur in der Zerstörung. Die Wellen nehmen das abgebrochene Material auf, transportieren es und lagern es an anderen Stellen wieder sichtbar ab. Dem Landverlust auf der einen folgt somit ein Landgewinn auf der anderen Seite. Dieser dynamische Prozeß der »Strandversetzung« spielt sich auch heute buchstäblich vor unseren Augen ab. Für das Anwachsen des Landes gibt der Buger Haken im Nordwesten der Halbinsel Wittow ein schönes Beispiel. Blicken wir überdies auf die Rügen westlich vorgelagerte Insel Hiddensee, finden wir, daß sich hier die Vorgänge des Landabbruchs (beim Dornbusch im Norden) und der Anlandung (beim Gellen im Süden und am Bessin im Nordosten) noch stärker abzeichnen.
An anderen Stellen umsäumen die vom Winde aufgewehten Dünenwälle Einbuchtungen des Meeres. Wir unterscheiden sie nach ihrem Alter und sprechen von den älteren Braun- und jüngeren Weißdünen. Am besten erhalten sind beide Formen auf den nehrungsartigen Inselteilen, nämlich der Schaabe, die Wittow mit Jasmund verbindet, und der Schmalen Heide, dem Landstreifen zwischen der Prorer Wiek und dem Kleinen Jasmunder Bodden.
Zeigt die Küste Ostrügens in ihrer Linienführung noch ein verhältnismäßig übersichtliches Bild, so ändert sich dies bereits im südlichen und noch viel mehr im westlichen Gebiet. Tief greifen hier die Wieken und Bodden in das Land ein und schaffen eine mannigfaltige Gliederung, wie sie bei keiner anderen Ostseeinsel auch nur annähernd festzustellen ist. Versuchen wir es, die gesamte Küste Rügens abzuschreiten, wären wir wochenlang unterwegs. Denn auf dieser Wanderung müßten immerhin

mehr als 570 Kilometer zurückgelegt werden. Das entspricht der Entfernung von Stralsund nach Prag.

Wenn wir außerdem bedenken, daß der am weitesten vom Wasser entfernte Punkt auf Rügen nur bei 6 Kilometern liegt, wird sogleich deutlich, wie wenig unsere Insel als eine kompakte Landmasse zu betrachten ist. Doch damit verlassen wir schon die reich gegliederten Küstenumrisse und wenden uns dem Inneren der Ostseeinsel zu.

Für einen Überblick sollten wir stets günstig gelegene Aussichtspunkte wählen. Dabei bieten sich die Bakenberge von Wittow im Norden und von Mönchgut im Südosten, aber auch der Tempelberg bei Bobbin auf der Halbinsel Jasmund, Hochhilgor bei Neuenkirchen und das Jagdschloß in der Granitz an. Der beste Einblick in die Besonderheiten der Inselwelt wird jedoch dem gewährt, der den von 1870 bis 1877 erbauten Ernst-Moritz-Arndt-Turm des Rugard von Bergen besteigt und Umschau hält. Die Wahl dieses zentral gelegenen Standpunktes ist in jedem Fall glücklich, auch für eine kurze Einführung in die Erdgeschichte Rügens. Denn von hier aus – etwa 110 Meter über dem Meeresspiegel – übersieht man die Insel wie von keiner anderen Stelle. Schon nach einer flüchtigen Betrachtung des Geländes, das sich vor und unter uns wie eine große entrollte Landkarte ausbreitet, zeichnen sich zwei Landschaftsteile voneinander ab. Einmal erkennen wir die leichtgewellte Grundmoränenebene, die den größten Raum Süd- und Westrügens einnimmt und die sich nur wenige Meter über das Meer erhebt; ja, fast will es scheinen, als wenn zwischen der Oberfläche des Wassers und dem Land kaum Höhenunterschiede bestehen. Blicken wir aber nach Norden und Osten, dann bemerken wir, wie bewaldete Endmoränenzüge die Jasmunder Bodden umrahmen und zu dem Teil Rügens überleiten, der im ganzen über 25 Meter ansteigt und im Piekberg von Jasmund mit 161 Metern seine größte Höhe erreicht. Der Geograph verwendet deshalb bei einer Gliederung der Insellandschaft die beiden zutreffenden Bezeichnungen *Hoch-* und *Niederrügen*.

Unser Aussichtspunkt zeigt uns noch mehr. Ganz in der Ferne leuchten die Kreidefelsen von Wittow und Jasmund auf. Damit haben wir jene Formation des geologischen »Erdmittelalters« augenscheinlich vor uns, die Rügen unter allen Landschaften der südlichen Ostseeküste heraushebt und die Insel für jeden Besucher so anziehend gestaltet.

Die Entstehung der weißen Schreibkreide fällt in eine Zeit, die Jahrmillionen zurückliegt. Damals war unser Festland von ausgedehnten Wassermassen überflutet. Das »Kreidemeer«, dessen Tiefe von Geologen auf 350 Meter geschätzt wird, beherbergte unzählige Lebewesen: u. a. Seeigel und Seesterne, Muscheln und Korallen und sehr viel kleinere Foraminiferen und Coccolithophoriden (Geißelalgen), bei denen es zur Herausbildung von Kalkschalen kam. Und eben durch das Zusammenwirken von anorganischen Kalkbestandteilen und einer reichen Lebewelt entstanden jene mächtigen Schlammschichten, die nach einer – erdgeschichtlich betrachtet – gar nicht so langen Entwicklung heute das mürbe Kreidegestein darstellen. Gewiß, diese Vorgänge vollzogen sich freilich nicht so einfach, wie wir es hier nur in großen Zügen anzudeuten vermögen. Die Forschung steht dabei auch gegenwärtig vor offenen Fragen. So ist die Entstehung des festen Feuersteins, den wir im Bereich der Kreide in Streifen und Lagen wahrnehmen und der – vom Meere ausgewaschen – ganze Geröllwälle vor der Küste bildet, längst nicht endgültig geklärt. Der Kreideformation entstammen auch jene interessanten Versteinerungen von Tieren, die wir auf Strandwanderungen entdecken: Donnerkeile und Seeigel. Bei den Donnerkeilen – der Wissenschaftler nennt sie Belemniten – handelt es sich um fossile Skeletteile von Tintenfischen, die das frühere Gewässer belebten. Die folgende Epoche, das Tertiär, in der das Meer allmählich zurückwich und mit der wir uns bereits in der »Neuzeit« der Erdgeschichte befinden, hat kaum Spuren auf Rügen hinterlassen. Lediglich der Bernstein, das von den Wellen der Ostsee ans Tageslicht beförderte erstarrte Baumharz, weist auf das Vorhandensein von Wäldern hin und läßt zugleich Schlüsse auf das frühere Klima zu. Danach dürften nach einer stärkeren Erwärmung gegen Ende der Tertiärzeit die Temperaturverhältnisse unseren heutigen ähnlich gewesen sein. Dann aber setzte in Skandinavien eine Abkühlung, verbunden mit starken Niederschlägen, ein – ein Prozeß, der zu einem derartigen Anwachsen der Gletscher Nordeuropas führte, daß diese schließlich auch den Ostseegrund und Norddeutschland bis zu den Mittelgebirgen bedeckten. Auf die Frage nach den Ursachen der Kaltzeit oder des Pleistozäns vermag noch niemand eine eindeutige Antwort zu erteilen. Wir wollen hier auch nicht auf die zahlreichen Deutungsversuche der Geologen, Geographen und Physiker eingehen. Fest steht nur, daß die Gletschermassen mehrmals unser Gebiet überzogen. Nach den Ablagerungen lassen sich mindestens drei Vereisungen nachweisen. Wir sprechen dabei von der Elster-, der Saale-Warthe- und der Weichsel- oder der Mindel-, Riß- und Würmkaltzeit.

Wie unsere Gegend nach der ersten und zweiten Vereisung, denen jeweils wärmere Zwischenkaltzeiten folgten, ausgesehen hat, wissen wir nicht; denn als die mächtigen Gletscher zum dritten Male aus dem Norden in unseren Raum vorstießen, hobelten sie die Erdoberfläche großenteils glatt. Als der Eispanzer der »Weichselzeit« bei wieder ansteigenden Temperaturen kleiner und kleiner wurde und sich endlich zurückzog, da hinterließ er jenes aus den skandinavischen Gebirgsmassiven mitgeschleppte Gesteinsmaterial, das heute den Boden unserer Felder und Wälder darstellt.

Der Rückzug des Eises vollzog sich – wie wir noch sehen werden – keineswegs ungestört. Dort, wo Gletscherteile stationär, das heißt bewegungslos blieben und allmählich wegtauten, kam es zu den Ablagerungen von Ton, Lehm, Sand und Steinen (Geschieben), die die Grundmoränenflächen bildeten und auch das Areal von West- und Südrügen formten.

In dieser Landschaft tauchen hin und wieder und weithin wahrnehmbar eisenbahndammähnliche Erhöhungen auf. Wir bezeichnen sie als Wallberge oder – mit dem schwedischen Wort – als Oser. Auf westrügenschem Gebiet sollten wir uns den Ort Ganschwitz und im Süden das Dorf Gustow merken. An beiden Stellen finden wir Oszüge in schönen Ausprägungen. Über ihre Entstehung gibt es eine Anzahl Theorien. Wir können hier nur auf zwei hinweisen. Nach der ersten wurde das Erdmaterial durch Schmelzwässer in Eistunneln aufgeschüttet, nach der anderen durch Eisspalten infolge des Vertikaldrucks der Eiswände aufgepreßt. Wenn die rügensche leichtwellige Grundmoränenlandschaft auch durch diese kaltzeitlichen Formen eine weitere Belebung erhält, so scheinen die Konturen ihrer Entwicklungsgeschichte immerhin noch überschaubar. Ganz anders liegen dagegen die Verhältnisse bei der Endmoränenlandschaft im Osten und Norden der Insel. Hier steht noch heute der Wissenschaftler vor Problemen mannigfacher Art. Sie sind deshalb so kompliziert, weil wir es bei dieser Inseloberfläche nicht nur mit Moränen, mit Ablagerungen der Kaltzeit, sondern auch mit älterem »anstehendem« Gestein zu tun haben. Dies aber bedeutet zugleich, daß die Bodengestaltung Ostrügens wohl nicht ohne tektonische Vorgänge vor sich gegangen ist. Was heißt das? Man vermutet: vor oder während der letzten Vereisung erfolgte eine Hebung einzelner Inselteile, und zwar so stark, daß der ältere Kreideuntergrund zerbrochen wurde, danach gleichsam horstförmig aufragte und den Bewegungen der Gletscher entgegenstand. Solche »hohen Stellen« waren zweifellos Jasmund, aber – nach dem Ergebnis neuer Untersuchungen – wahrscheinlich auch Arkona und der Bereich um Bergen. Gegen sie prallte nun das Eis, richtete sie, wie bei Jasmund, zu Schollen auf und ging über sie hinweg, »überformte« sie. Denn als gegen Ende der »Weichselzeit« die große zusammenhängende Eismasse zerfiel, hörte die formende Tätigkeit der Gletscher für Rügen noch nicht auf. Wetterverschlechterungen aktivierten wieder das Eis, das sich nun aus dem Ostseebecken in zwei Strömen der Insel näherte. Und durch die Bewegungen, durch die »letzten Impulse« dieser Gletscher erhielten die Höhen Ostrügens ihre so reich gegliederte Gestalt, ihr unruhiges Relief. So entstanden – am Rande des Eises – die Endmoränen, meist durch die Kraft der Gletscher zusammengeschoben oder zusammen»gestaucht«. So entstanden ferner infolge der schürfenden Wirkung einzelner Gletscherzungen die Hohlformen des Großen und des Kleinen Jasmunder Boddens und des Schmachter Sees.

Wann verließ der letzte Gletscher Rügen? Wann taute das letzte zurückgebliebene »Toteis« im Inselboden auf? Auch das sind Fragen, die wir nicht mit Sicherheit beantworten können. Ist es ein Jahrzehntausend her? Sind seitdem 12 000 Jahre oder mehr vergangen? Nur soviel ist gewiß, daß sich das geologische oder geographische Gesicht der Insel am Ende der Kaltzeit wesentlich vom heutigen unterschied. Erst in der Nachkaltzeit – der Wissenschaftler bezeichnet diesen Erdgeschichtsabschnitt als Holozän – bildeten sich allmählich die bekannten Inselumrisse heraus. Auch das war ein Prozeß, der nur im Zusammenhang mit der Entwicklung der Ostsee verstanden werden kann. Wir wollen hier lediglich die einzelnen Meerstadien erwähnen, die ihre Namen nach dem Vorkommen von Muschelarten tragen. Nach dem salzigen und kalten Yoldia-Meer folgte zwischen dem 8. und 7. Jahrtausend vor unserer Zeitrechnung der Ancylus-See mit Süßwasser. Danach breitete sich das wieder salzhaltige Litorina-Meer aus, dem um die Zeitenwende das Limnea- und schließlich das Mya-Meer folgten.

Nachdem die klimatischen Verhältnisse geeignete Voraussetzungen boten, hielten auch Pflanzen, Tiere und endlich der Mensch Einzug auf Rügen. Als die Gletscher das Land verlassen hatten, begann sich die Vegetation in Gestalt einer baumlosen Tundra zu entfalten. Von den Bäumen dürfte zuerst die Birke heimisch geworden sein. Dann gesellten sich Kiefer, Hasel, Eiche, Ulme und Buche hinzu. Pollenuntersuchungen geben uns darüber sichere Auskunft. Auch über die frühe Tierwelt, über das Rentier und Mammut, lassen uns Funde aus rügenschen Mooren nun nicht mehr im unklaren. Für die Entwicklung des mecklenburgischen und vorpommerschen Küstensaumes war die Litorinazeit besonders bedeutend. Während dieses Stadiums stieg das Meer beträchtlich an und überflutete ganze Landstrecken. Man wird annehmen können, daß von Rügen nur die höheren Teile aus der See aufragten. In der nächsten, nun gar nicht mehr so weit zurückliegenden Zeit wuchsen die einzelnen »Inselkerne« – Arkona, Jasmund, Möchgut und das zentrale Gebiet – zu einem Eiland zusammen. An diesem Vorgang war die Ostsee mit dem Sinken und Ansteigen des Meeresspiegels, aber auch mit ihren brausenden Sturmhochwassern am meisten beteiligt.

Nach jüngsten geographischen Forschungen

der Universität Greifswald bildete sich die Schaabe, jene Landbrücke zwischen Wittow und Jasmund, erst nach der Zeitenwende als ein Ergebnis der Meeresarbeit heraus. Das gleiche dürfte für die Schmale Heide im Süden der Halbinsel Jasmund zutreffen. Auch hier verdanken wir den Greifswalder Geographen, die während der letzten Jahre mit ihren Tiefbohrungen den Untergrund »abtasteten«, neue Erkenntnisse.

Diese rügensche Nehrung birgt eine landschaftliche Kostbarkeit, die immer wieder die Aufmerksamkeit der Fachwissenschaftler aus vielen Ländern der Erde erweckt. Wir meinen das etwa 40 ha große Revier der Feuersteinfelder. Überquert man, von der See kommend, die Bahnstrecke Lietzow-Binz, so befindet man sich schon nach kurzer Wanderung durch einen hundertjährigen lichten Kiefernbestand am Ufer des »steinernen Meeres«. Diese Bezeichnung darf wörtlich verstanden werden; denn die etwa zweitausend Meter langen, zur Ostseeküste parallel laufenden Feuersteinwälle gleichen durchaus den erstarrten Wellen eines Meeres. Wer diese vierzehn Wälle, die, im Südteil fächerförmig ausstrahlend, eine Breite von annähernd 24 Metern erreichen, zum erstenmal überschreitet, dem wird der Anblick des einzigartigen Naturschutzgebietes zwischen dem Kiefernwald auf der Ostseite und den Moorflächen entlang dem Kleinen Jasmunder Bodden auf der Westseite unvergeßlich bleiben.

Mit den Millionen knollenförmiger, weiß und grau schimmernder Steine, mit ihrer spärlich anmutenden und gerade deshalb so bemerkenswerten Vegetation von einzelnen Baumgruppen, von Wacholder, Heidekraut, Wildrosen, Schlehdorn und Blaubeeren, von Borstgräsern und Moosen bietet sich uns eine ungewöhnlich reizvolle Landschaft dar. Am schönsten freilich will sie in den Spätsommer- und Herbstwochen erscheinen, wenn das Heidekraut seinen lilafarbenen Flor entfaltet, wenn die dunkelblauen Beeren an den niedrigen Sträuchern und die rotleuchtenden Hagebutten der wilden Rosen sichtbar werden.

Es ist schwer zu sagen, was hier den Besucher zunächst am meisten beeindruckt. Vielleicht ist es der Farbkontrast zwischen den dunkelgrünen, bis zu sieben Meter hohen Wacholderbüschen und den hellen Steingeröllen – vielleicht aber auch die fast unheimliche Stille, die ihn hier umgibt.

Entstehung und Alter der für Europa einmaligen Feuersteinwälle sind seit langem Gegenstand ernsthafter Forschung. Jene Annahme, daß es sich dabei um verhältnismäßig junge, erst wenig Jahrhunderte alte Bildungen handele, dürfte sich als nicht stichhaltig erweisen. Die mittelalterlichen Geschichtsquellen können wir nur bedingt zur Beantwortung dieser Frage heranziehen. Ihnen entnimmt man jedoch die Kenntnis von einer Landstraße, die über die Schmale Heide den zentralen rügenschen Bereich mit der Halbinsel Jasmund verband. Danach müßten die Feuersteinfelder vor mehr als achthundert Jahren entstanden sein.

Es liegt sehr nahe, an mächtige Sturmhochwasser zu denken, die die Gesteinsmassen bewegten und aus dem Meer auf das Land warfen. Für derartige Erscheinungen finden wir auch in der jüngsten Vergangenheit eindrucksvolle Beispiele. So trug die Brandung bei den starken Stürmen des Winters 1913/14 unzählige Feuersteine aus der Ostsee vor Saßnitz ans Ufer und lagerte sie auf der drei Meter über dem Meeresspiegel gelegenen Promenade in einem Wall von eineinhalb Meter Höhe und fünfzehn Meter Breite ab. Auch im Jahre 1957 konnte man an derselben Stelle aufgeworfene Feuersteinwälle von beachtenswerten Ausmaßen beobachten. Vergleichen wir diese Sturmhochwasserauswirkungen mit den Wällen der Schmalen Heide, dann drängen sich im Hinblick auf die

Entstehung unserer bekannten Feuersteinfelder die Parallelen auf.

Immer wieder toben an Rügens Küsten gewaltige Stürme. In historischer Zeit versetzten mehr als achtzig Sturmhochwasser mit verheerenden Zerstörungen die Inselbewohner in Schrecken. Es nimmt deshalb nicht wunder, wenn schon mittelalterliche Geschichtsschreiber Angaben über diese Naturkatastrophen in ihren Aufzeichnungen festhielten. Die erste Nachricht von einem Ostseesturmhochwasser stammt aus dem Jahre 1044. Für die heimischen Gewässer wird besonders das Jahr 1304 mit einem Orkan genannt, der an der südöstlichen Halbinsel Mönchgut offenbar erhebliche Landflächen untergehen und das sogenannte Neue Tief entstehen ließ. Ein Stralsunder Chronist des 16. Jahrhunderts schildert uns diesen Vorgang in seiner mittelniederdeutschen Sprache mit folgenden Worten: »Na gades bort 1304 jar do wegede yd so grot enen wynt to ener tiid, also dat he grote starke torne umme wegede unde grote wyntmolen unde grote huse unde grote bome ute der erden. unde do brack ok dat nye dep erstens uth.« Das heißt in unserem heutigen Deutsch: Im Jahre 1304 nach Christi Geburt wehte zu einer Zeit ein so starker Sturm, daß hohe Türme, große Windmühlen und große Häuser umgeworfen und große Bäume aus der Erde gerissen wurden. Dabei wurde auch das Neue Tief aufgebrochen.

Sehr lebendig sind im Gedächtnis der Rügener die Schreckenstage des Jahres 1872 geblieben, an denen Inselteile von den Fluten durchbrochen und andere weit überschwemmt wurden. Schlagen wir die rügensche Tagespresse aus jener Zeit auf, dann lesen wir in den Berichten folgendes: »Das Unglück, welches die Stürme vom 12. bis 13. November auf unserer ganzen Insel angerichtet haben, ist ungeheuer. Es konnten die größten Fahrzeuge an den sonst starken Ankern nicht mehr gesichert werden, für die kleineren Böte gab es kaum einen Ort sicherer Zuflucht. Der Damm zwischen Middelhagen und Lobbe wurde überfluthet, die Wogen ergossen sich über die sorgfältig gepflegten Wiesen und Aecker und rissen, was man dort in Sicherheit dachte, mit sich fort. Zu gleicher Zeit stürzte das furchtbare Element über die noch niedrigeren Dünen zwischen Lobbe und Thießow. Die Böte der Fischer und ihre Geräthe wurden alsbald von den unbezwingbaren Wogen fast sämmtlich entführt. Wer flüchten kann, fliehet auf die Berge und in die höher gelegenen Häuser. Vielen ist es nicht mehr möglich, sie steigen auf die Hausböden, von denen Sturm und Orkan die leichten Dächer bereits entfernt haben. Die Brandung zerschlägt nun die Wände der leichter gebauten Wohnungen und Ställe und treibt ihre schäumende Masse hinauf auf die Giebel. In anderen festen Gemäuern dringt das Wasser unter den Dielen hervor oder stürzt sich durch Thüren und Fenster, weicht die inneren Wände, Feuerungen und Schornsteine zum Einsturz auf, zertrümmert die Geräthe und treibt sie durch die Oeffnungen nebst Betten und Kleidungsstücken in dahinter liegende Tiefen.«

Gewiß, nach Sturmhochwasser treten die Schäden zumeist stark zutage, zeichnen sich auch die Landverluste besonders ab. Doch das Meer arbeitet ständig an der Küste und verändert sie. Bei Strandwanderungen entdecken wir in dem hohen Ufer tiefe, von den Wellen herausgenagte Löcher, die Brandungshohlkehlen. Sie erreichen während des Winters, wenn das Eis in Bewegung gerät, nicht selten das größte Ausmaß. Immer wieder stürzen – dadurch verursacht – Überhänge mit Sträuchern und Bäumen in die Tiefe. So wird das Ufer Jahr um Jahr weiter »zurückgeschnitten«. Oft sind es zwanzig, bisweilen auch dreißig und mehr Zentimeter jährlich. Stehen wir auf dem 119 Meter hohen Königsstuhl von Jasmund und blicken hinab, dann erkennen wir bis weit in die Ostsee hinein eine Brandungsterrasse mit ihren Feuersteingeröllen. Sie deutet uns den ehemaligen Umfang der Kreidefelsen an und läßt die vernichtende Kraft des Meeres ahnen.

Dieses Zerstörungswerk wird in hohem Maße von der Witterung unterstützt. Einmal blättert der Frost in kalten Wintern Schichten vom Hochufer ab, ganz so, wie wir es bei dem Abbröckeln des Putzes an der Hauswand beobachten. Bei Trockenheit entstehen oft Risse, die von scharfen Winden vertieft und vergrößert werden. Dann schwemmt der Regen die lockeren Teile herunter, und zwar in einem Ausmaß, daß wir in nassen Sommern wahre Schlammströme zu Tal fließen sehen. Ein Teil des Regenwassers versickert in Fugen und Rissen, staut sich schließlich über härteren Schichten und vermag dann Erd- und Gesteinsmassen in Bewegung zu bringen. Auf diese Weise kam es im Mai des Jahres 1958 und im Frühling des Jahres 1981 zu großen »Ausbrüchen«, bei denen (1958) etwa 70 000 Kubikmeter und (1981) mehr als 100 000 Kubikmeter Kreide bis zu 150 Meter weit in die Ostsee geschoben wurden. Die in Bewegung geratenen Kreidemassen führten mit den abgestürzten Hängen ganze Bäume und viele Sträucher mit. Die herausgebrachten Blöcke boten den Wellen gute Angriffsflächen, und schon nach wenigen Wochen waren wieder beträchtliche Teile des Kreideausbruchs vom Wasser »abgebaut«.

Tromper Wieck
bei Nordoststurm

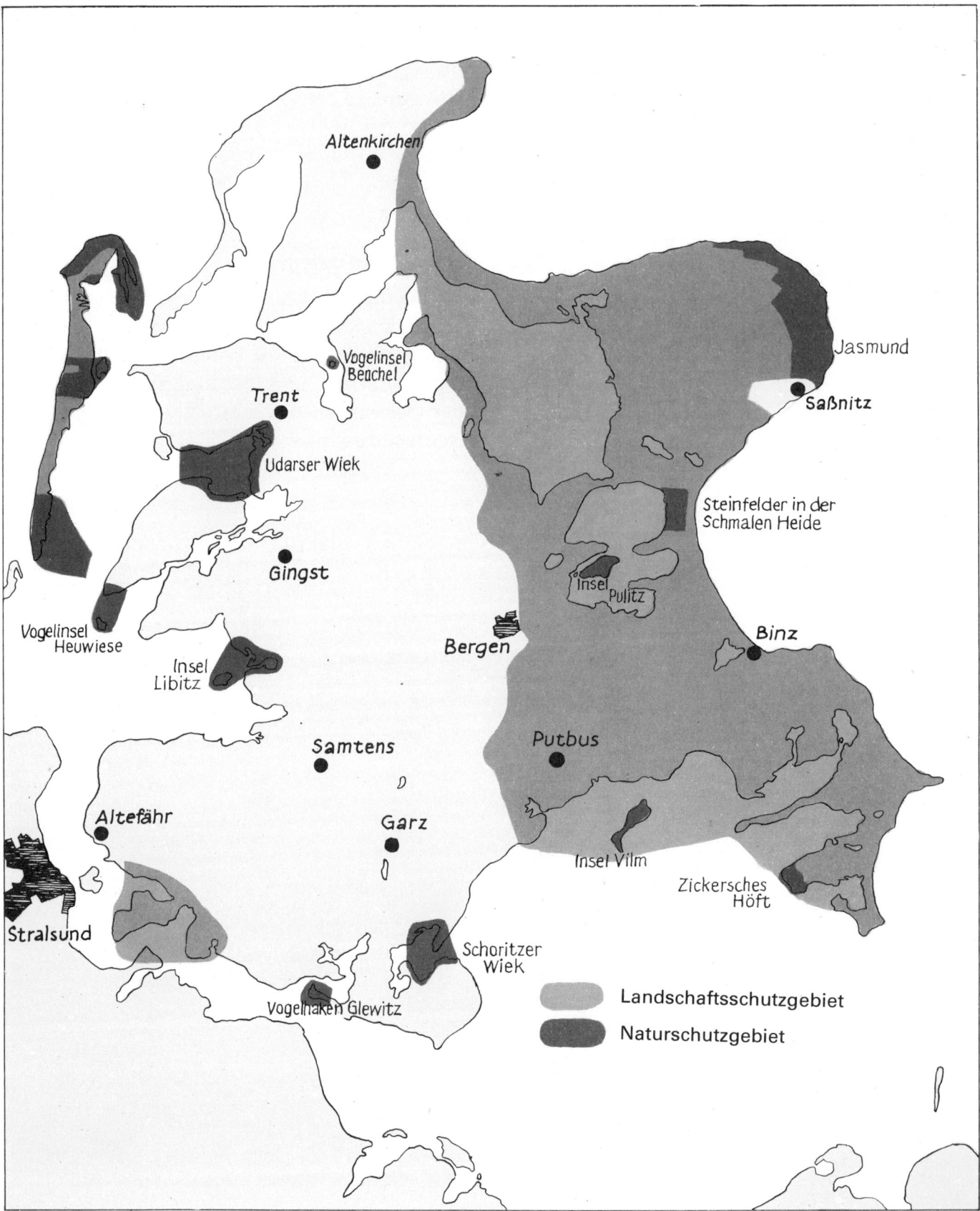

Geschützte Insellandschaft

Der Mensch steht dem Wirken dieser Naturgewalten freilich nicht tatenlos gegenüber. Doch erst während der letzten Jahrzehnte des vorigen Jahrhunderts begann man auf Rügen, die Küste mit wirksamen Mitteln zu schützen. Dabei wurden zwei Wege beschritten. Zunächst galt es, die Küstenzone durch den Anbau von Pflanzen »festzumachen« und damit zu sichern. Eine dichte Pflanzendecke vermindert am Hochufer, am Kliff, die Wirkungen des Windes und Frostes. Sie verhindert das Abrutschen der Erdteile, erhöht durch ihr Wurzelwerk die Festigkeit ganzer Uferpartien und verbraucht schließlich einen großen Teil des Grundwassers, das – wie wir feststellten – an jenen Stellen oft erhebliche Schäden anzurichten vermag.

Ähnlich wie in Hochgebirgsregionen der Wald einen Schutz gegen die Lawinengefahr bedeutet, erfüllen die Schutzwaldstreifen entlang unserer Küste wichtige Aufgaben. Sie unterbrechen den Sandflug und sichern die gefährdeten Kliffs. Die Aufforstung des ostseenahen Geländes bildet indessen nur einen Teil des natürlichen Küstenschutzes. Es kommen die Anlage und Pflege von Dünen hinzu. Jede Ostseedüne stellt im System des Küstenschutzes einen Damm oder einen Deich gegen die Sturmbrandung des Meeres dar.

Wenn wir von der Anlage einer Düne hören, dann verbirgt sich hinter dieser Mitteilung zumeist ein langwieriger und mühevoller Prozeß, der den Einsatz vieler im Küstenschutz tätiger Fachkräfte erfordert. Denn erst durch den Bau von Sandfangzäunen, durch das Einstecken von Kiefernzweigen, durch die Anpflanzung von Gräsern gelingt es allmählich, den Sand festzuhalten und zu Wällen aufzuhäufen. Ist dies erreicht, dann gilt es, die Dünen zu kultivieren, und das heißt, die Wanderung des Sandes so weit wie möglich aufzuhalten – heißt, die Dünen durch eine Vegetationsdecke (von Strandhafer) »stillzulegen«.

Neben diesen Anlagen bemerken wir an besonders bedrohten Küstenstrecken Rügens auch künstliche Schutzwerke. Wir sehen, wie Pfahlreihen aus Holz oder Stahl, sogenannte Buhnen, in den Meeresboden gerammt oder Uferschutzmauern wie bei Arkona, Thießow und Göhren gezogen sind. Immer geht es darum, die zerstörende Wirkung der Sturmbrandung zu mindern. Der Bau dieser ungewöhnlich kostspieligen Schutzanlagen erfordert hohes Können und vor allem die genaue Kenntnis der Strömungsverhältnisse. In dieser Hinsicht wurden in der Vergangenheit zuweilen schwere Fehler begangen. Als man um die letzte Jahrhundertwende die Mole des Saßnitzer Hafens errichtete, gewann man das Baumaterial durch »Zangen« großer Steine in Ufernähe der Stubnitz und ahnte nicht, daß damit die äußerst gefährdete Kreideküste ihres natürlichen Schutzes beraubt wurde.

Durch den Buhnenbau wird zugleich der Badestrand verbessert; er wird breiter und steinärmer. In den Buhnenfeldern kommt es nämlich zur Ablagerung des Sandes (und damit zur Bedeckung der Steingerölle), den sonst die Küstenströmung weitertransportieren würde.

Die Bemühungen um den Schutz unserer Ostseeküste, das Bestreben, den Küstenabbruch oder -rückgang soweit wie möglich aufzuhalten, verdienen größte Beachtung und Anerkennung. Hin und wieder vernichten Hochwasserkatastrophen in wenigen Stunden das, was in jahrelanger mühevoller Arbeit entstand. Doch an dem Zerstörungswerk sind nicht allein die schäumenden Sturmhochwasser des Herbstes und Winters beteiligt, sondern während der Sommermonate auch – und leider viel zu oft – die Menschen, genauer: die gedankenlos in die Natur eingreifenden Menschen.

Wir fragen: Ist es wirklich zu verantworten, daß Badegäste bei der Errichtung ihrer beliebten Burgen den für diese Zwecke bestimmten Strand verlassen und als »Bauplatz« die Dünen wählen? Schlimmer noch: daß sie das Kiefernzweiggesteck, auf dessen Bedeutung wir hinwiesen, zur Ausstattung der Strandburgen dort herausziehen, wo es unter keinen Umständen entfernt werden darf? Ist es tatsächlich notwendig, die Dünen zur Fertigung fotografischer Aufnahmen zu besteigen oder Strandgräser zum Anfachen des Feuers einer Kochstelle zu benutzen? Trockenes Holz zu sammeln oder gar grüne Zweige des Küstenwaldes zu brechen, um damit Zelte zu befestigen oder Bänke und Tische daraus zu zimmern? – Wir könnten die Reihe der Vergehen fortsetzen. Jeder »Trampelpfad« über die Dünen, jede »Rutschbahn« am Steilufer, das Lagerfeuer mit dem Holz des küstennahen Waldes und das Pflücken der Dünengräser – einschließlich der seltenen Stranddistel (als »Andenken« an den Seeaufenthalt?) – sind Eingriffe in die geschützte Landschaft, die namhafte Geologen und Geographen unserer Republik mit vollem Recht als ein Verbrechen an dem Bestand der Küste, als ein Verbrechen auch an der Schönheit der Ostseelandschaft bezeichnen.

Wer um die katastrophalen Auswirkungen der Sturmbrandungen weiß und wem die Küstenlandschaft mit all ihren Reizen lieb ist, der müßte sie schützen – wo und wann und von wem auch immer Gefahren drohen. Auch dies sollten wir stets bedenken: Der Staat wendet Jahr für Jahr Millionenwerte zur Instandhaltung und zum weiteren Ausbau von Küstenschutzanlagen auf.

Gleicht das achtlose Verhalten im Küstenbereich nicht einer Veruntreuung jener, besser: unserer Mittel? Die rügensche Ostseeküste ist – wie wir wiederholt sagten – das Ziel großer Urlauberscharen und damit ein wesentlicher Bestandteil des Erholungsraumes der Deutschen Demokratischen Republik – und wird es auch bleiben. Viele Menschen wollen und dürfen dort vorübergehend »zu Hause« sein. Wenn nach Tagen und Wochen der Entspannung und Erholung bei Sonne, Wind und Wellen, bei Wanderungen an den Seen und Bodden die Heimreise angetreten ist, kommen neue Gäste. Auch sie wünschen sich, wie wir, ein sauberes Feriengebiet. Wer heute noch meint, daß leere Flaschen, Schachteln und Dosen, Papierfetzen und Eierschalen – weggeworfen und zurückgelassen – die Natur bereichern, vertritt eine Ansicht, die längst der Vergangenheit angehören sollte. Wer ferner glaubt, die Tatsache seines Rügenbesuches schriftlich der Nachwelt überliefern zu müssen, der möge sich künftig tunlichst nicht des Messers als Schreibgerät und der Rinde unserer kostbaren Buchen als Beschreibstoff bedienen. Derartige »Kunstwerke«, die uns die Anfangsbuchstaben von Namen der

Schnitzer, oft – geschmacklos genug – mit Herzen »verziert«, bescheren, sind für jeden naturliebenden Gast der Ostseeinsel völlig uninteressant, mehr noch: sie sind ein frevelhaftes Vergehen am wertvollen Baumbestand der Küstenwaldungen.

Das, was wir über die Schonung und Pflege des Küstenbereiches mit seinen Steilufern und dem flachen Sandstrand, mit den geologischen und botanischen Seltenheiten sagten, gilt in gleicher Weise für die gesamte Insel, vor allem aber für die Teile, die unter Natur- oder Landschaftsschutz stehen.

Von den rügenschen Naturschutzgebieten ist das Waldrevier der Stubnitz einschließlich der Kreideküste mit einer Fläche von 15 000 ha das größte Areal. Seit langem schon trägt das östliche Plateau der Halbinsel Jasmund eine Walddecke. Zahlreiche slawische Orts- und Flurnamen der Stubnitz künden noch heute von ihrem schon frühzeitigen Vorhandensein. So ist in den Namen Lesenik und Borrin das deutsche Wort »Wald«, in Saßnitz »Kiefer«, in Zisser Wiese »Eibe«, in Preßnitz und Bressin »Birke«, in Rocknik »Weide« und in Lieper Hörn »Linde« überliefert. Andere Bezeichnungen wie Lese-Berg dürften an die von den ehemaligen slawischen Bewohnern lebhaft betriebene Waldbienenzucht erinnern. Auch der Name Stubnitz = »Pfosten«, »Pfahl« deutet vermutlich darauf hin.

Die Struktur des Stubnitzwaldes hat sich im Verlauf der Jahrhunderte freilich sehr gewandelt. Gegenwärtig herrscht die Buche mit mehr als 81 Prozent vor. Erst in großem Abstand folgen Fichte und Lärche mit kaum 11 Prozent des Holzbestandes.

Die Stubnitz birgt eine Fülle von Besonderheiten verschiedener Art. Für den Geographen und Geologen bildet die im Rückgang begriffene Steilküste wohl immer den stärksten Anziehungspunkt. Das ist verständlich; denn an diesem einzigartigen geologischen »Aufschluß« lassen sich mannigfache Vorgänge der kaltzeitlichen Überformung geradezu ablesen. Aber auch dem Nichtfachmann bietet sich dieser Küstenabschnitt mit seinen bizarren Felsbildungen wie den Wissower Klinken und der kegelförmigen Gestalt des Königsstuhls äußerst eindrucksvoll dar. Bei den Wissower Klinken ist schon der Name ein Denkmal. Er entstammt der Schwedenzeit, die im Dreißigjährigen Kriege begann und im Jahre 1815 endete. Ursprünglich lautete die Bezeichnung nämlich »Klinten«, das ist ein schwedisches Wort und bedeutet Felsspitze.

Eine Strandwanderung bietet indessen mehr. Sie führt über Feuersteingeröll und unzählige Geschiebe, über Steine, die einst Gletscher der Kaltzeit aus Nordeuropa in unseren Raum transportierten. Neben den kristallinen Gesteinen des Erdaltertums, den Graniten, Porphyren und Diabasen, deren unterschiedliche Farbwerte oft schon eine Bestimmung des Herkunftsgebietes ermöglichen, sieht man zahlreiche Sedimentgesteine der jüngeren Erdepochen. Vielfältig sind auch die Gesteinsformate; es finden sich die verschiedensten Formen, von faustgroßen Stücken bis hin zu den mächtigen erratischen Blöcken wie dem nahezu vier Meter langen, drei Meter breiten und annähernd zwei Meter aus der See aufragenden sagenumwobenen Waschstein vor Stubbenkammer, den Adelbert von Chamisso in seiner »Jungfrau« besang.

Blicken wir noch einmal auf das Steilufer, dann sehen wir, wie an zahlreichen Stellen – so am Stubbenhörn – Quellen aus den Kreidewänden herauskommen und beachtenswerte Terrassen von Kalktuff bilden. Betritt man das Innere der Stubnitz, entdeckt man Erosionstäler, die der Kollicker, der Brisnitzer und der Kieler Bach in die Landschaft schnitten und die bisher kaum von Menschen verändert worden sind.

83

Dort, wo Quellgewässer ungestört bergabwärts sickern, gelangen wir in Bezirke der Halbinsel, die fast urwaldähnlich erscheinen. Dieser Eindruck entsteht vor allem durch den Riesenschachtelhalm (Equisetum telmateja), der stellenweise eine Höhe bis zu zwei Metern erreicht. Dem botanisch interessierten Besucher fallen sicher nicht nur die uralten Eiben (Taxus baccata) in Küstennähe auf. Seine Aufmerksamkeit richtet sich vermutlich bald auf weitere seltene Vertreter der Pflanzenwelt. Ob es die Stechpalme (Ilex aquifolia) oder die Große Segge (Carex pendula), der Waldschwingel (Festuca altissima) und die Waldgerste (Hordelymus europaeus), ob es die Berghirschwurz (Libanotis montana), die Zahnwurz (Cardamine bulbifera) oder die Elsbeere (Sorbus torminalis) sind, sie gestalten mit vielen anderen Pflanzenarten die Vegetation des Stubnitzwaldes außerordentlich abwechslungsreich.

In Senken treffen wir ab und an auf Moore mit einer nicht minder vielseitigen Flora. Auch das Wollgras (Eriophorum vaginatum) mit seinen weißen Fruchtständen ist dort zu finden. Ganz besondere Beachtung verdienen indessen die seltenen Orchideen der Halbinsel. Auf Rügen sind nicht weniger als 28 Arten gezählt worden. Für die Stubnitz gelten zweifellos das Rote Waldvöglein (Cephalanthera rubra) und der Frauenschuh (Cypripedium calceolus) als die schönsten Vertreter dieser Pflanzenfamilie. Auf dem von Wald umgebenen Herthasee beobachten wir im Sommer Seerosen (Nymphea alba) in schönen Exemplaren.

Zoologisch interessant ist das Vorkommen des kaltwasserliebenden Strudelwurms in den Quellen und Stubnitzbächen. Auf den Waldwiesen lebt der Springfrosch und an den Hängen die Schlingnatter, die dringend unseres Schutzes bedarf. Das gleiche gilt für den Seeadler, der seinen Horst noch in alten Buchen nahe dem Kreidekliff baut. An der Steilküste nehmen wir den Wanderfalken als Felsbrüter und Kolonien der Mehlschwalbe wahr.

Die Stubnitz bildet somit durch ihren Reichtum an geologischen Formen, mit ihren wertvollen Pflanzen und der seltenen Fauna ein landschaftliches Kleinod, an dem wir uns als Bewohner und Gäste der Insel zu allen Jahreszeiten erfreuen können. Von den Besuchern wurde seit zwei Jahrhunderten bald das eine, bald das andere besonders gerühmt: die Kreidefelsen, der Wald, der Herthasee, die Bodenflora und die Tierwelt. Am großartigsten freilich dürfte stets das Zusammenwirken sämtlicher Erscheinungen, der Dreiklang von Wasser, Wald und Kreidegebirge empfunden werden.

Auf das Naturschutzgebiet der Steinfelder in der Schmalen Heide wiesen wir schon hin. Hinzuzufügen sind an dieser Stelle lediglich Bemerkungen über die floristische Bedeutung der 185 ha großen Fläche. Neben den »Pioniergehölzen«, dem Wacholder (Juniperus communis), dem Bergahorn und der Kiefer, deren Fortkommen auf den vier Meter mächtigen Steingeröllen uns in Erstaunen versetzt, und neben dem bereits genannten Heidekraut und den Heidelbeeren haben sich auf den Wällen sowie im Bereich des lichten Dünenwaldes an der Ost- und auf dem Seesandstandort entlang dem Jasmunder Bodden an der Westseite des Naturschutzgebietes Pflanzen angesiedelt, die wegen ihrer Seltenheit hervorzuheben sind. Das trifft für den Schmalen Streifenfarn (Asplenium septentrionale), der im Norden der Republik wohl nur auf diesen Feldern vorkommt, ebenso zu wie für die Krähenbeere (Empetrum nigrum), das Moosglöckchen (Linnaea borealis) und verschiedene Wintergrünarten, die den Dünenkiefernwald auszeichnen. Die Rasenbinse (Juncus bulbosus), die Glanzwurz (Liparis loeselli), das Gefleckte Knabenkraut (Dactylorchis maculata) und der

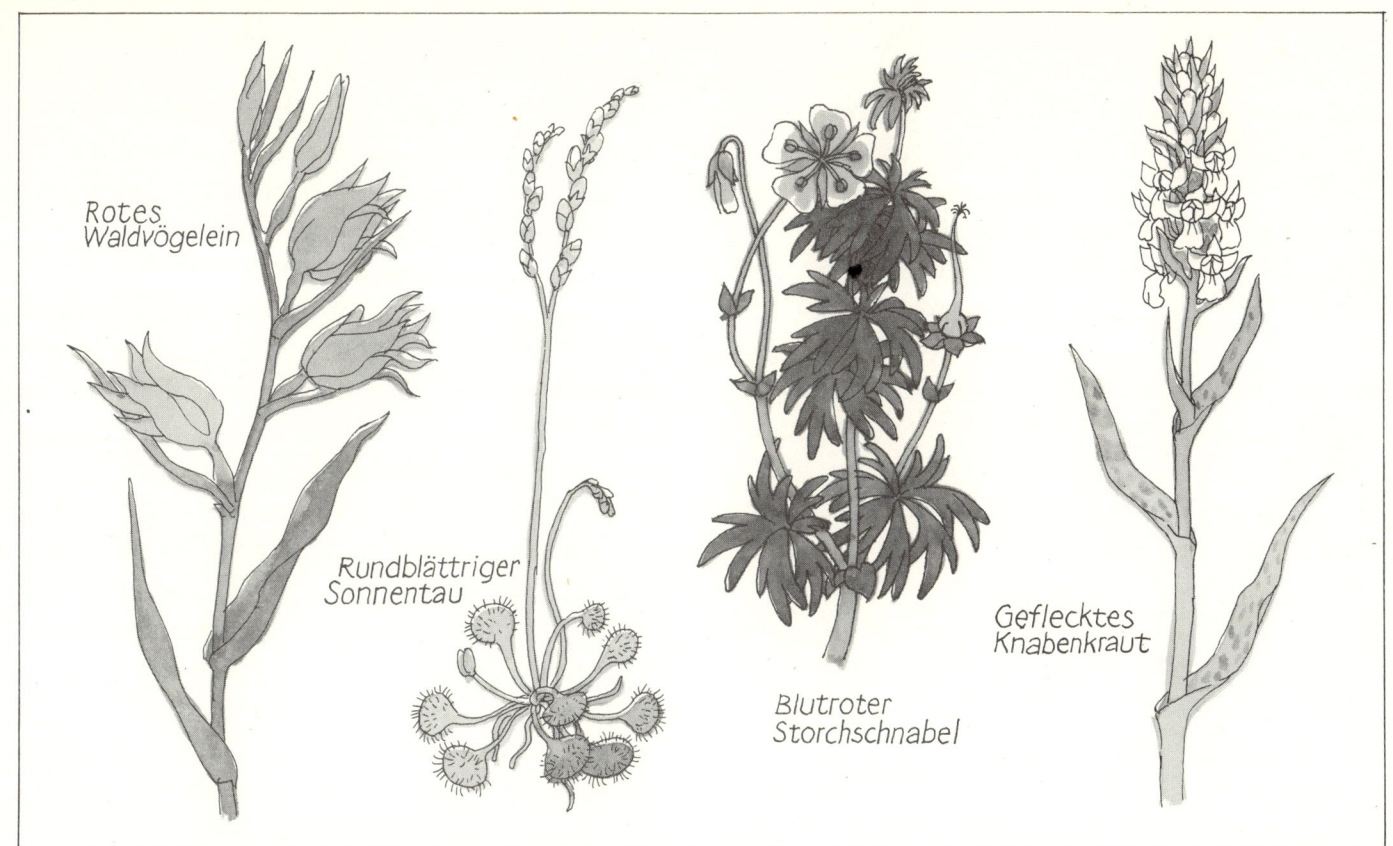

Sonnentau (Drosera) wachsen in unmittelbarer Nähe des Feuersteingebietes im Kranichsbruch am Bodden. Die sogenannten pontischen Pflanzengesellschaften mit dem Blutroten Storchschnabel (Geranium sanguineum), der Schwalbenwurz (Cynianchum vincetoxicum), dem Hainwachtelweizen (Melampyrum nemorosum) und dem Schillergras (Koeleria glauca) breiten sich an den Abhängen von Lietzow aus. Das dritte Naturschutzgebiet, die nahezu 100 ha große malerische Insel Vilm, gehört zu den Teilen Rügens, die durch ihren Motivreichtum seit Beginn des 19. Jahrhunderts immer wieder bildende Künstler in ihren Bann zu ziehen vermochten. Von Carl Gustav Carus über Friedrich Preller den Älteren, Albert Hertel und Karl Hagemeister führt die Reihe bekannter Namen hin bis zu den Malern der Gegenwart.

Der Formenschatz des Vilms – in Rückgang begriffene Steilufer mit Brandungshöhlen, Anlandungsflächen, die sich als Haken fast ungestört in den Greifswalder Bodden vorschieben, Dünensandaufwehungen und ein Strand mit mannigfaltigen Gesteinsblöcken – vermittelt uns hier im kleinen, zusammengefügt und leicht überschaubar, zugleich ein Bild jener Vorgänge, die wir bei der Insel Rügen im ganzen kennenlernten. Auf den Geschiebelehmstandorten haben wir urwaldartige Baumbestände eines Perlgras-Buchenwaldes und Reste von Eschen-Buchen-Waldungen vor uns. Auf der Nehrung, die den Nord- und Südteil, den Großen und den Kleinen Vilm, verbindet, konnte sich hingegen ein lichter Stieleichen-Birken-Wald entfalten. Dort, auf den Sanden dieser Nehrung, findet man in einem floristisch interessanten Dünenrasen auch die geschützte

Stranddistel in vielen Exemplaren. Im »Vilm-Urwald« errichten noch Seeadler ihre Horste, und während der Zugzeit nutzen gefiederte Gäste diese Insel als Rast- und Sammelplatz. Ähnlich wie der Vilm ist auch die Waldinsel Pulitz im Kleinen Jasmunder Bodden oft gemalt, besungen und beschrieben worden. Schon Karl Nernst wußte in seinem im Jahre 1800 veröffentlichten Buch »Wanderungen durch Rügen« zu berichten, daß »der Blick ausrastend und mit Wohlgefallen auf der romantischen Insel Pulitz verweilt«, und Ernst Moritz Arndt begann sein Gedicht »Der Schwan von Pulitz« mit den Worten:

»Schneeweißer Schwan, wo fliegst,
wo klingst du her?
Wo kommst du Frühlingsklinger
hergeflogen?
Aus meiner grünen Insel stillem Meer?
Aus Pulitz' sturmgeschirmten Wogen?«

Auf der Insel, deren geologischer Aufbau dem Wissenschaftler das Schulbeispiel einer kaltzeitlichen Endmoränengabel demonstriert, befand sich lange die bedeutendste Kormorankolonie Rügens. Doch als vor etwa 50 Jahren die Zahl der Alt- und Jungvögel tausend überstieg, mußte im Interesse der Fischerei eingegriffen werden. Die Tiere fielen als Fischräuber in Scharen über die Netze her und verursachten Schäden, durch die die Existenz der Boddenfischer gefährdet war. Leider erfolgte die Reduzierung der Horste nicht unter der notwendigen Kontrolle, so daß auch die letzten Gelege vernichtet worden sind. Heute bedauern wir es, daß der dunkle Großvogel gänzlich aus dem rügenschen Inselbereich vertrieben wurde und sich an anderer Stelle ansiedeln mußte.

In dem breiten Rohr- und Schilfgürtel, der Pulitz und die benachbarte kleine Insel Alt-Rügen umgibt, brüten Höckerschwäne und Große Rohrdommeln, und in dem dichten Eichen-Buchen-Wald bauen Jahr für Jahr viele Singvögel ihre Nester. Das durch einen Damm mit Rügen verbundene Boddeneiland, auf dem im Frühling das blaue Leberblümchen, die Schlüsselblume und später das rote Waldvöglein ihre Blütenpracht entfalten, bietet uns außerdem noch zahlreiche Kostbarkeiten der Bodenflora. Andere Naturschutzgebiete Rügens – die Inseln Heuwiese südlich von Ummanz, Beuchel im Raum der Neuendorfer Wiek und Libitz im Kubitzer Bodden – sollen künftig mehr als bisher den geschützten Vogelarten gehören. Sie benötigen diese ungestörten Reviere dringend; denn in der Vergangenheit wurden allzuoft ganze Kolonien unachtsam und böswillig beseitigt, die es in mannigfachem Interesse mit Bedacht zu hegen gegolten hätte. Von diesen Eingriffen sind besonders die Sumpf- und Wasservögel betroffen worden. Wir wollen deshalb auch jene Maßnahmen verstehen, durch die diese drei Inseln für den gesamten Besucherverkehr gesperrt wurden.

Wenn die Bemühungen unserer im Naturschutz unermüdlich tätigen Kräfte Erfolg haben, dann werden die Seevögel bald wieder von ihren Inseln Besitz ergreifen. Von den Lachmöwen dürften heute schon allein auf der Insel Beuchel bereits gegen 7 000 Paare heimisch sein. Dort brüten ferner u. a. der Mittelsäger, die Flußseeschwalbe, die Sturmmöwe sowie die Löffel- und Reiherente. Auf den Brutplätzen der Heuwiese, der bedeutendsten Vogelinsel Rügens, konnten nicht nur Brandseeschwalben, Silber- und Sturmmöwen, sondern auch die Schwarzkopfmöwe und Säbelschnäbler beobachtet werden.

Im Jahre 1981 wurden weitere Flächen zu Naturschutzgebieten erklärt, so im Bereich Westrügens die 845 ha große Udarser Wiek und im Süden der Insel die 437 ha große Schoritzer Wiek. Das flache Gewässer mit seinen Sandbänken der Udarser Wiek (788 ha) gilt auf dem Zugweg der nordeuropäischen Kraniche als bedeutendster »Schlafplatz« an der südlichen Ostseeküste für diese Vogelart und wird ständig von »nordischen« Enten und Gänsen als Rastplatz gewählt. Die schmalen Salzgrünlandstreifen am Ufer der Bucht (67 ha) gehören zu dem international bemerkenswerten Feuchtgebiet der Boddenzone im Norden unseres Landes, dessen ökologische Bedeutung als Regulator für den Wasserhaushalt und als Lebensraum für eine besondere Pflanzen- und Tierwelt keiner Begründung bedarf.

Im Uferrevier der Schoritzer Wiek (71 ha), deren Verbindung zum Greifswalder Bodden durch geomorphologisch interessante Haken- und Strandwallbildungen eingeengt ist, brüten Jahr für Jahr Wasservögel und rasten Tauchenten auf ihren Zugwegen in beiden Richtungen vom Norden zum Süden.

In unmittelbarer Nähe befindet sich das neue Naturschutzgebiet Vogelhaken Zudar (Größe: 85 ha, davon 60 ha innere Seegewässer). Dieses Landschaftsgebiet stellt einen wertvollen Brutbiotop für seltene und bestandsbedrohte Limikolen-Arten (Sumpf- und Strandvögel) dar und nimmt überdies als Sammel- und Rastplatz für Graugänse einen besonderen Rang ein.

Durch einen Beschluß des Rates des Kreises Rügen vom 22. Januar 1981 wurde zudem das Naturschutzgebiet Insel Libitz im Kubitzer Bodden erheblich erweitert. Für das Flachwassergebiet (230 ha) und das Salzwiesengelände des Unrower Ufers (120 ha) trifft das gleiche zu, was für die letzten Naturschutzgebiete festgestellt werden konnte. Auch hier rasten frühjahrs Kraniche und brüten die vom Aussterben bedrohten Seevogelarten.

Außerordentlich begrüßenswert ist es ferner, daß nun auch das Zickersche Höft auf der Halbinsel Mönchgut unter Naturschutz gestellt wurde. Der 116 ha große und 66 Meter hohe Stauchmoränenkomplex präsentiert sich mit seiner Pleistozänsteilküste und mit seinen Kliffranddünen nicht nur dem Geologen und Geographen als wichtiges Studienobjekt ursprünglicher Küstenformen, sondern dürfte als »landschaftliche Dominante von überregionaler Bedeutung« zugleich für alle Besucher Rügens hochinteressant sein. Auf dem Gebiet sind außerdem Trocken- und Magerrasen mit zahlreichen bestandsbedrohten Pflanzenarten zu beobachten.

Während die Naturschutzgebiete Reservate für die vom Aussterben bedrohten Pflanzen- und Tiergemeinschaften darstellen und nach dem Landeskulturgesetz und der Naturschutzverordnung unserer Republik vom 14. Mai 1970 nicht ohne Einwilligung der zuständigen Verwaltung verändert werden dürfen, dienen die Landschaftsschutzgebiete hingegen durch ihre Eigen- und Schönheiten vor allem der Erholung unserer Bevölkerung. Wenn gegenwärtig der überwiegende Teil Ostrügens – vom Kap Arkona im Norden, über das Wald- und Seenrevier um Bergen, über die Granitz bis nach Thießow im Süden – unter Landschaftsschutz gestellt und nach einer Regelung des Jahres 1966 auch die gesamte Halbinsel Jasmund in dieses Gebiet mit einbezogen wurde, dann ist durch diese großzügige Maßnahme vielen berechtigten Wünschen entsprochen.

Das Gesetz bezeichnet den Schutz der Natur als eine nationale Aufgabe. Dies bedeutet für uns, daß wir alle aufgerufen sind, die schöne Insel Rügen pflegen und schützen zu helfen.

In dem Landschaftsschutzgebiet Ostrügen mit den Kiefernhölzungen der Schaabe, den Mischwäldern des Bergener und Lietzower Raumes, mit den herrlichen Laubbaumbeständen und dem stillen Waldsee (Schwarzer See) der Granitz, mit den äußerst abwechslungsreichen Küstenpartien begegnet man gleichsam auf Schritt und Tritt Besonderheiten.

Leuchtturm Arkona.
Errichtet nach einem Entwurf Schinkels.

Ansicht aus der 1. Hälfte des 19. Jahrhunderts

Übersehen wollen wir dabei keineswegs jene Bauwerke, die als wichtiger Bestandteil der Landschaft das Bild abrunden. Da treffen wir bei Kap Arkona, dem nördlichsten Punkt der Deutschen Demokratischen Republik, nicht nur auf Reste einer slawischen Burganlage, die heute noch eindrucksvoll von dem Verteidigungswillen der Inselbewohner früherer Jahrhunderte zeugen. Dort entstand auch in der Zeit von 1826 bis 1827 für die rügenschen Gewässer der erste »moderne« Leuchtturm. Die Baupläne dazu hatte der namhafte Berliner Meister Karl Friedrich Schinkel gefertigt. 75 Jahre lang erstrahlte Nacht für Nacht aus dem etwa 19 Meter hohen viereckigen Bauwerk das Petroleum-Glühlicht. 1902 erlosch dieses Feuer. An seine Stelle trat ein fast sieben Meter höherer Leuchtturm, der fortan seine Strahlen über die Wogen der Ostsee sandte und dessen elektrisches Blinkfeuer gegenwärtig eine Weite von 23 Seemeilen erreicht.

Wir können hier nur wenige Orte nennen, dürfen es aber nicht unterlassen, wenigstens kurz auf Granitz, auf Ralswiek und Putbus zu verweisen. Im Jahre 1836 wurde auf dem 107 Meter hohen Tempelberg mit dem Bau eines Jagdschlosses für den Fürsten von Putbus begonnen. Ursprünglich war nach Entwürfen des Berliner Architekten Gottfried Steinmeyer lediglich ein zweigeschossiger, fast quadratischer Bau mit einem inneren Lichthof vorgesehen. Doch diese Absicht wurde unter dem Einfluß Schinkels aufgegeben und dem Mittelteil ein Aussichtsturm hinzugefügt, mit dem das Schloß 38 Meter hoch ist. Schinkel sehen wir neben zwei Künstlern von einem bedeutenden Bildhauer des vorigen Jahrhunderts, nämlich von Johann Friedrich Drake, in dem Sockelrelief des Denkmals Wilhelm Maltes I. im Park zu Putbus vor einem Plan des Jagdschlosses dargestellt. Während das Jagdschloß Granitz als beliebtes Wanderziel aufgesucht und der Turm über die

Am Hochufer in der Stubbenkammer

Wissower Klinken

Kreide der Stubbenkammer

Steilufer Arkona

An der Boddenküste Westrügens

Wellige Grundmoränenlandschaft Mönchguts

Blick auf den Greifswalder Bodden

Windflüchter auf den Dünen der Schaabe

Blockstrand

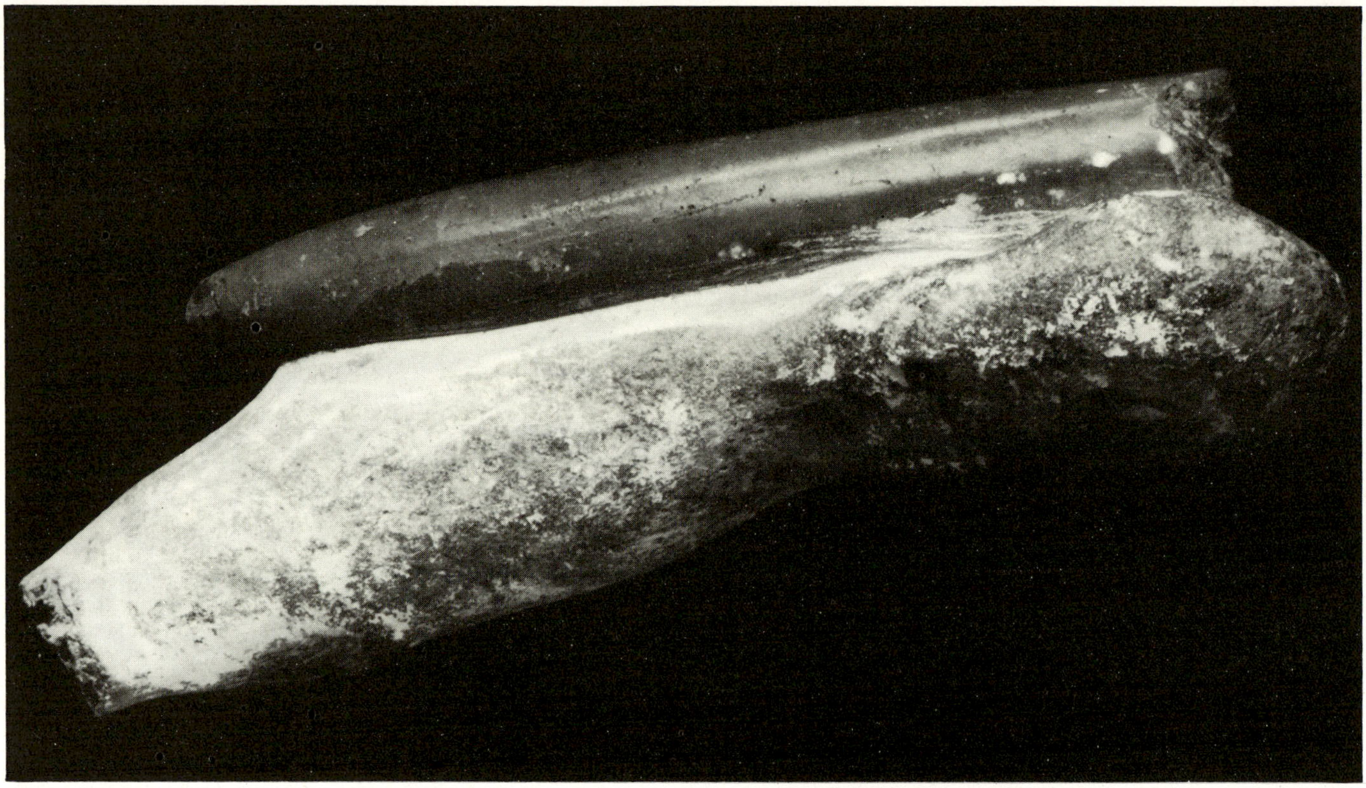

Belemnit (Meeresmuseum Stralsund)

Kronenigel

Am Bakenberg von Mönchgut

Blick vom Jagdschloß Granitz

Jagdschloß Granitz

Ernst-Moritz-Arndt-Turm und Gaststätte auf dem Rugard bei Bergen

Blick vom Ernst-Moritz-Arndt-Turm

Uferausbruch an der Ernst-Moritz-Arndt-Sicht (Stubbenkammer) April 1981

Uferbefestigung bei Vitt

105

Naturschutzgebiet Kreideküste

Uferbefestigung bei Thießow

Blick auf das Nordperd / Göhren

Mündung des Kieler Baches in die Ostsee

Steinfelder der Schmalen Heide

Blick zur Insel Vilm

Seevögel

Höcker- und Singschwäne an der Wittower Fähre

112

Seeadler

Frauenschuh

Wollgras

Stranddistel

115

Im Schloßpark Ralswiek

Orangerie im Park von Putbus

Lindenallee im Putbusser Park

Sockelrelief am Denkmal Maltes im Park zu Putbus

Treppe im Jagdschloß Granitz

durchbrochenen gußeisernen Stufen der Wendeltreppe oft zu einem Aus- und Rundblick bestiegen wird, blieb Ralswiek lange wenig beachtet. Der Ort mit seinem Schloß, seinem beachtenswerten Park und der 1982 eröffneten Traditionsstätte der Kulturgeschichte Rügens verdient besondere Aufmerksamkeit, nicht zuletzt wegen seiner reizvollen Lage am Großen Jasmunder Bodden.

Die Parkanlagen von Ralswiek und noch mehr die von Putbus weisen dendrologische Seltenheiten von ungewöhnlichem Wert auf, die sie weithin berühmt werden ließen. Beide entstanden vor 1800. Viele Länder der Erde sind dort mit Gehölzen vertreten. Wir beobachten neben dem aus Kalifornien stammenden Mammutbaum und der Japanischen Kirsche den Mandschurischen Korkbaum, die Griechische und Spanische Tanne, den Asiatischen Maulbeerbaum und die Kanadische Hemlocktanne, die ebenfalls in Nordamerika beheimateten Douglasfichten, ferner Ginkgobäume und Scheinzypressen; wir erfreuen uns an Tulpenbäumen, Kaukasusfichten, Österreichischen Schwarzkiefern, an Säuleneichen und Eiben, an weißgerandeten Feldulmen, Trompetenbäumen, Blut-, Trauer- und eichenblättrigen Weißbuchen, an Stechpalmen, Edelkastanien, Roteichen und Platanen. Allein im 75 ha großen Putbusser Park zählen wir mehr als sechzig Baumarten.

Die Bedeutung Rügens als Erholungsraum ist unumstritten. Daneben aber bietet die Insel mit ihren interessanten Natur- und Landschaftsschutzgebieten auch dem Wissenschaftler lohnende Forschungsobjekte. Der Geograph und Geologe, der Botaniker und Zoologe, der Gewässerkundler und Meteorologe sowie der Vertreter der Ur- und Frühgeschichte – sie alle nutzen die Möglichkeit, in den Wäldern und Feldern, auf den Bergen und in den Tälern, an

Hirsche im Wildgatter Putbus

und auf dem Meere und den Binnengewässern, in den Städten und Dörfern neue Erkenntnisse zu gewinnen.

Wir konnten wiederholt feststellen, daß zahlreiche Landschaftserscheinungen eben nur Rügen eigentümlich sind. Das gilt auch für den Fundreichtum, der sich den Prähistorikern darbietet. Über deren Untersuchungsergebnisse soll nun berichtet werden.

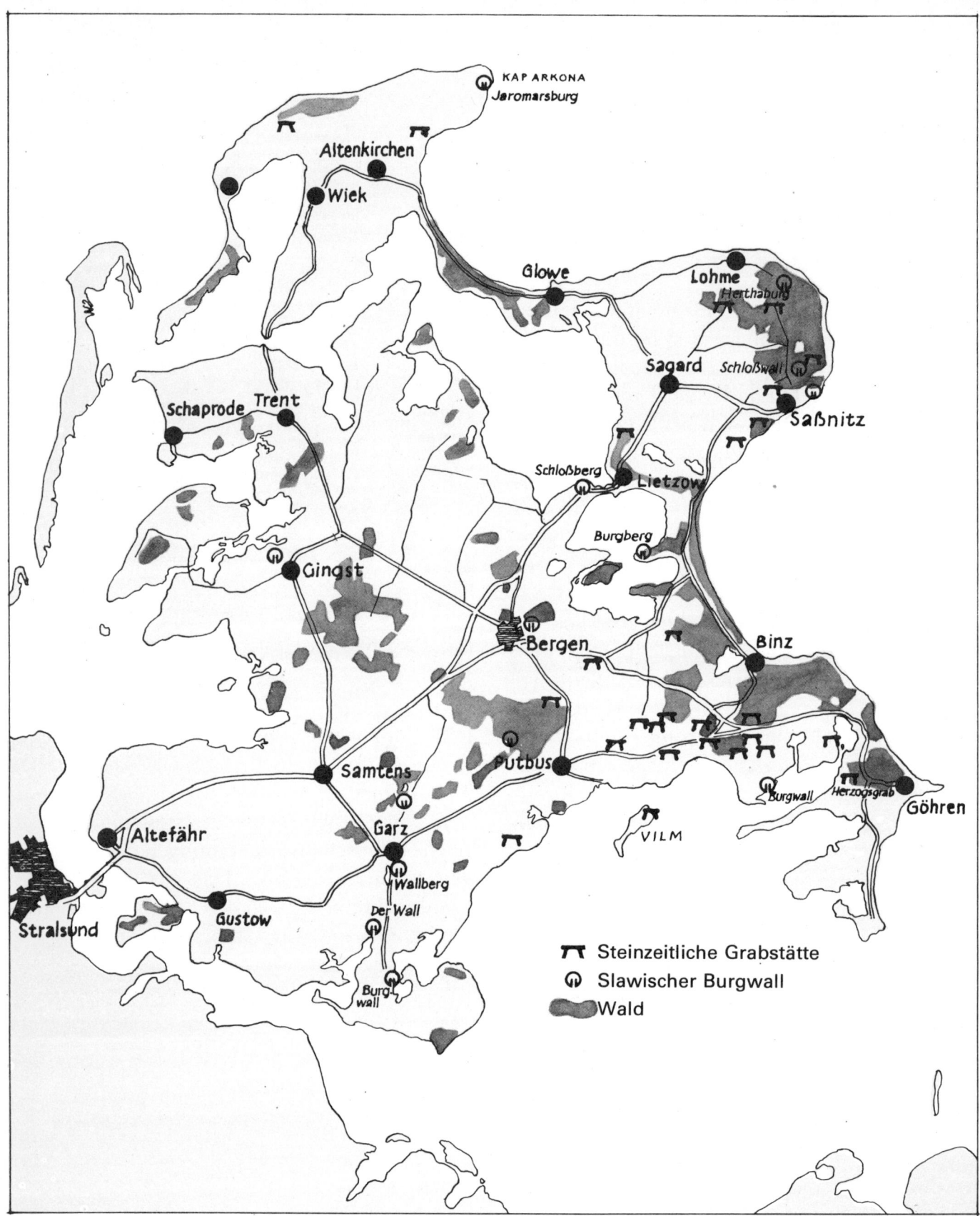

Hünengräber und Burgwälle

»Im Jahre 1815 kam ich zur Erlernung der Landwirtschaft nach Schoritz auf Rügen, wo ich zum erstenmal von Hünengräbern reden hörte und mit Erstaunen diese colossalen Werke der Vorzeit erblickte« – das schrieb ein Mann in seinen Berichten nieder, dessen Name am Anfang wissenschaftlicher Erforschung der Urgeschichte unserer Insel steht: Friedrich von Hagenow. Der 1797 geborene Vorpommer studierte an der Universität Greifswald Mathematik, wandte sich danach vorübergehend der Landwirtschaft zu und widmete sich von 1850 bis zu seinem Tode im Jahre 1865 ausschließlich der wissenschaftlichen Arbeit. Seine ganze Liebe galt den heimischen Bodendenkmalen. Er sammelte, grub, zeichnete und versuchte, Ordnung in die Fülle von Funden zu bringen. Auch die »Special-Charte der Insel Rügen, nach den neuesten Messungen unter Benutzung aller vorhandenen Flurkarten entworfen«, sollte einer Systematisierung der »Bodenaltertümer« Rügens dienen. Diese vortreffliche Karte ist heute nicht nur dem Prähistoriker, sondern auch dem Geographen unentbehrlich. Noch zu Lebzeiten Hagenows, der seine letzten Arbeiten bereits völlig erblindet diktierte, begann ein anderer die begonnene Sammeltätigkeit mit Umsicht und Geschick fortzusetzen, nämlich der auf Rügen geborene Rudolf Baier.

1857 hatte er den Grundstein des Stralsundischen Museums gelegt. Und in wenigen Jahren wurde die Vorgeschichtssammlung der Stadt Stralsund dank seinem unermüdlichen Einsatz mit mehr als 50 000 großenteils rügenschen Fundstücken in erstaunlichem Umfang erweitert.

Beide, v. Hagenow und Baier, erhielten in Anerkennung ihrer hohen Verdienste die Würde eines Ehrendoktors der Universität Greifswald. Auf ihrem in rastloser Tätigkeit geschaffenen Werk konnten nach der Jahrhundertwende die Greifswalder Professoren Klinghardt und Petzsch und nach dem zweiten Weltkrieg junge Mitarbeiter der Akademie der Wissenschaften der DDR und des Kulturhistorischen Museums Stralsund aufbauen und es weiter fördern.

Die Anzahl der Bodendenkmale Rügens übersteigt die der festländischen Kreise unseres Gebietes bei weitem. Friedrich v. Hagenow vermochte zu Beginn des vorigen Jahrhunderts auf seiner Spezialkarte (veröffentlicht 1829) noch 232 steinzeitliche Grabstätten zu vermerken. – Leider erkannte man den kulturgeschichtlichen Wert der Anlagen zu spät. Dem Straßen- und Häuserbau, sicher auch der Neugier Unkundiger, fiel ein Grab nach dem anderen zum Opfer, so daß hundert Jahre später lediglich 54 gezählt werden konnten. Wir finden sie noch im Umkreis der Dörfer Nobbin, Dwasieden, Silvitz, Pastitz, Göhren, Nadelitz, Lancken/Granitz, Lauterbach und Lonvitz.

Diese urgeschichtlichen Bestattungsformen – im Volksmund »Hünengräber« genannt – entstanden im 3. Jahrtausend v. u. Z., als die Insel bereits dicht besiedelt gewesen sein mußte. Lange vorher schon hatte der Mensch Rügen betreten. Als seine ersten Spuren können wir einige Funde von großem Seltenheitswert betrachten: steinerne Stichel und zwei angeschnittene Rengeweihstangen, die beim Räumen eines Grabens im Garzer Moor ans Tageslicht gefördert wurden. Sie dürften noch dem 9. Jahrtausend v. u. Z. und damit dem Paläolithikum (Altsteinzeit) angehören.

Verhältnismäßig spärlich sind auch die Funde aus der folgenden Epoche, dem Mesolithikum oder der Mittleren Steinzeit. Aber sie lassen immerhin vermuten, daß sich die Menschen neben dem Sammeln von wilden Früchten und Wurzeln von der Jagd und Fischerei ernährten. Aus Horn geschnitzte Harpunen, die sich im Moor von Venz und am Nonnensee von Bergen fanden, vermögen uns dafür zumindest gewisse Anhaltspunkte zu geben.

Das Bild ändert sich hinsichtlich der Funddichte jedoch völlig an der Wende von der Mittleren zur Jüngeren Steinzeit (Neolithikum), das heißt in einer Zeit, die rund 5 000 Jahre zurückliegt. Etwa 20 000 bearbeitete Steingeräte entstammen allein dem Fundgebiet von Lietzow. Dieser ungewöhnliche Tatbestand ermöglicht dem Wissenschaftler sichere Schlüsse. Zunächst deutet die Lietzow-Kultur, wie man diesen Zeitabschnitt auf Grund der erwähnten Fundmassen heute zu bezeichnen pflegt, auf einen wesentlichen Wandel in der Lebensweise der damaligen menschlichen Gesellschaft hin, nämlich auf den Übergang von der Stufe des wandernden Jägers zum seßhaften Ackerbauern. Auch über die Herkunft der insularen Steinzeitmenschen dürfen wir nun Vermutungen wagen. So bestanden enge Verbindungen zu Dänemark. Dann weist die Art der Funde auch gen Süden, bis in den donauländischen Bereich hinein.

Die Insel bot als Siedlungsgebiet beste Voraussetzungen. Hier fand man einen Rohstoff, der sich vortrefflich zur Herstellung von notwendigen Arbeitsgeräten – von Spanmessern und Schabern, Kernbeilen und Pickeln, von Bohrern und Meißeln – eignete: den Feuerstein. Er stand am Rande der Jasmunder und Wittower Kreide in der gewünschten Größe zur Verfügung und brauchte zunächst nur aufgelesen zu werden. Nach dem Ergebnis neuer Forschungen dürfte es darüber hinaus zu einer bergbauartigen Gewinnung dieses Materials gekommen sein. Das ist glaubhaft, wenn wir bedenken, daß der Feuerstein nicht nur den eigenen Bedarf zu decken, sondern offensichtlich auch als Tauschobjekt eines frühen Handels zu dienen hatte. Geräte, die aus rügenschem Gestein gefertigt waren, wurden sowohl in der näheren festländischen Umgebung als auch in entfernteren südlichen Gegenden gefunden, ja die Insel scheint gleichsam Rohstofflieferant für Mitteleuropa gewesen zu sein.

Wenn sich die »Lietzow-Leute« noch mit roh zurechtgeschlagenen Geräten begnügten, so lernte man in der Jungsteinzeit (2500–1700 v. u. Z.) allmählich, den Feuerstein zu schleifen. Gediegen zugerichtete Beile, Äxte und Sägen, Lanzenspitzen und Dolche vermitteln uns im Stralsunder Museum einen Eindruck von dem technischen Fortschritt jener Zeit. Das gleiche gilt für die Keramik. Schon den Menschen der Lietzow-Kultur war die Töpferei bekannt. Während ihre einfachen Tongefäße jedoch kaum Verzierungen zeigten, entwickelten sich jetzt auf Rügen Formen, deren Schönheit wir bewundern können. Der Sitte, Töpfe mit Opfergaben im Moor zu versenken, verdanken wir vermutlich den Fund von Gingst, bei dem Reste von 50 reichverzierten Keramikgefäßen ans Tageslicht kamen.

Bei diesen Prachtgefäßen mit ihren der Flecht- und Webetechnik entlehnten Ornamenten erkennen wir wieder Kultureinflüsse anderer Landschaften. Auch bei den älteren Grabstätten lassen sich Beziehungen zu entsprechenden Anlagen des Nordens und Südens herstellen. Wir beobachten auf der Insel verschiedene steinzeitliche Gräber. Von der einfachen Steinkiste (Gemarkung Altensien) führt die Entwicklung über Steinkammern mit wenigen Decksteinen (der »Dolmen« von Lauterbach und das Hünengrab von Silvitz) zu den Hünenbetten, von denen noch Reste im sogenannten Herzogsgrab der Mönchguter Forst und in den Anlagen von Nobbin, Pastitz und Lonvitz erhalten sind. Während die frühen Gräber lediglich für eine Bestattung bestimmt waren, sehen wir in den Hünenbetten – wie es schon der Name vermuten läßt – offensichtlich Kollektivgräber eines ganzen Sippenverbandes vor uns. Die Errichtung jener neolithischen Grabanlagen war zweifellos eine beachtliche Leistung.

Wie vermochte man die großen, durch Eis und Wasser geglätteten Findlinge vom Ufer bis an die Grabanlage zu transportieren, wie die mächtigen, weit über hundert Zentner schweren Decksteine auf die Wände der Grabkammer zu bringen? Wissenschaftler versuchten diese Fragen zu beantworten. Danach bediente sich der Steinzeitmensch gefällter Baumstämme als Rollen und Hebebäume und beförderte auf diese Weise das Baumaterial an den für das Grab vorgesehenen Platz.

Die Bezeichnung Kammer entspricht dem Charakter der Anlagen; denn die Grabstätten bildeten geschlossene Räume, sorgfältig waren Lücken, die wir heute zwischen den Trägersteinen wahrnehmen, mit flachen, geschichteten Steinen ausgefüllt und der Grabboden mit Steinmaterial und Lehm festgestampft. Die mühevoll auf die Wände gewuchteten Decksteine schlossen den oberen Teil des Totenhauses ab.

Während der Großgräberzeit hat sich die Bestattungssitte gewandelt. Man fand in den rügenschen Grabkammern die Toten ausgestreckt und auch in »Hockerlage« beigesetzt.

Gegen Ende der Steinzeit trat an die Stelle der Großgräber, in die Geschlecht um Geschlecht seine Toten gebracht hatte, erneut die Einzelbestattung. Sie bleibt auch für die nun folgende Metallepoche, für die um 1700 v. u. Z. beginnende Bronzezeit, kennzeichnend.

Wieder sehen wir Rügen in weiten Wirtschafts-, Handels- und Kulturbeziehungen. Die Bestandteile der Bronze, Kupfer und Zinn, mußten von ferner über lange Strecken importiert werden: aus Spanien, Ungarn, Vorderasien und von den Britischen Inseln. Zu Beginn haben vermutlich Händler des Südens bronzene Fertigwaren – Waffen und Schmuckgegenstände – in das Land geschafft und angeboten. Dann aber entwickelte sich auch in unserem Raum das Gewerbe der Erzgießer. Wir werden an dieser Feststellung kaum zu zweifeln brauchen. Unter den Funden jener Zeit entdecken wir Gußformen und zerbrochenes Altmaterial.

In bewundernswürdiger Schönheit liegen die aus Bronze geschmackvoll gefertigten Gegenstände – Schwerter, Beile und Nadeln, Fibeln, Gürtelbeschläge, Armringe und Schalen – in den Schausammlungen des Stralsunder Museums vor uns. Hinter der Fülle von steinernen Werkzeugen bleiben die Funde aus der Bronzezeit freilich erheblich zurück. Wir werden jedoch zur Vorsicht gemahnt, daraus voreilige Schlüsse auf die ehemalige Besiedlung der Insel zu ziehen. Die Urgeschichtsforschung unserer Tage weiß zur Erklärung dieses Tatbestandes einleuchtende Argumente vorzutragen. Jedes überflüssige Steinbeil – beiseite gelegt oder weggeworfen – blieb im rügenschen Boden erhalten. Das kostbare Metall der Bronzezeit hingegen schmolz man bestenfalls ein, wenn ein Schmuck »unmodern« oder ein Dolch zerbrochen war.

Die Insel nimmt dennoch im Fundbild des heimischen Gebietes mit großem Abstand den ersten Platz ein. So konnten allein für die ältere Bronzezeit 228 rügensche Fundstellen ausgemacht werden. Im benachbarten Landkreis Stralsund ließen sich dagegen lediglich 30 Funde ermitteln. Berücksichtigen wir ferner die bronzezeitlichen Grabstätten, so halten die festländischen Kreise auch nicht annähernd einem Vergleich mit Rügen stand.

Man begegnet diesen Denkmälern der Vorzeit vielerorts. Wo wir im Westen und Süden die Inselteile weit überschauen können, treten die Hügel, zumeist mit kleinen Baumgruppen bedeckt, unmittelbar aus den Äckern hervor. Der Reisende erkennt sie schon bei einem Blick aus dem Abteilfenster des Zuges gleich hinter Rambin, dem zweiten Inselbahnhof, oder links von Putbus, dort, wo sich die Bahn der Stadt nähert.

An anderen Stellen, wie zwischen Patzig und Woorke auf westrügenschem Gebiet oder bei Stresow im Südosten, treffen wir auf ganze Gräberfelder.

Eine genaue fachwissenschaftliche Bestandsaufnahme steht freilich noch aus. Wenn der

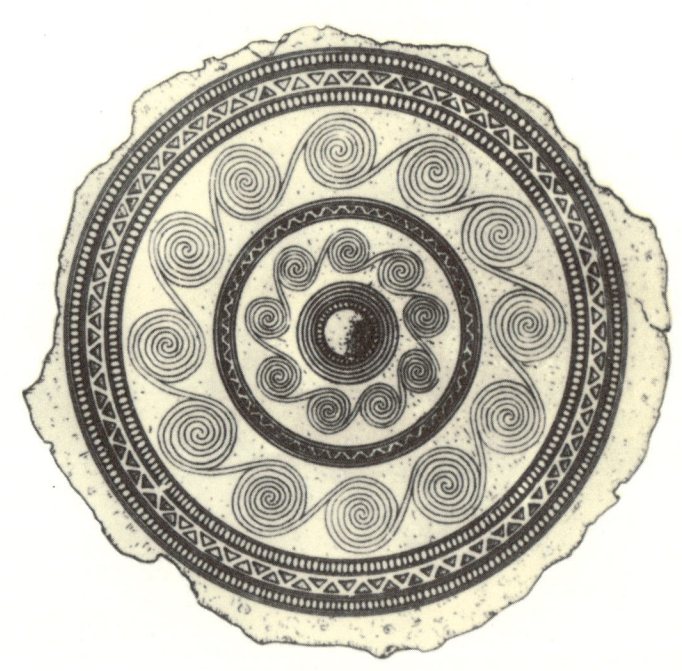

Große Bronzegürtelscheibe

Bronzezeitliche Hügelgräber Woorke

Prähistoriker die gegenwärtig noch erhaltenen urgeschichtlichen Grabanlagen Rügens auf mehr als tausend schätzt, so nehmen wir diese Zahl mit Erstaunen zur Kenntnis.

Inselbewohner früherer Jahrhunderte gingen nicht achtlos an den Hünengräbern vorüber. Sie glaubten zuweilen, daß es in deren Bereich keineswegs »geheuer« wäre. Die Volksüberlieferung weiß viel von ihnen zu berichten. Man brachte sie mit Riesen und Zwergen in Beziehung, vermutete in ihnen kostbare Schätze und fürchtete in ihrer Umgebung nächtlichen Spuk. Wir verdanken Ernst Moritz Arndt auch die Mitteilung einzelner Volkssagen, die er in »frühester Jugend aus dem lebendigen Munde älterer Menschen gewonnen und erlebt« hatte. Hören wir, wie er uns später in seinen »Märchen und Jugenderinnerungen« die Entstehung der neun Berge (= bronzezeitliche Hügelgräber) von Rambin erzählt: »Vor langer Zeit lebte auf Rügen ein gewaltiger Riese (ich glaube, er hieß Balderich), den verdroß es, daß das Land eine Insel war und daß er immer durch das Meer waten mußte, wenn er nach Pommern auf das feste Land wollte. Er ließ sich also eine ungeheure Schürze machen, band sie um seine Hüften und füllte sie mit Erde; denn er wollte sich einen Erddamm aufführen von der Insel bis zur Feste. Als er mit seiner Tracht bis über Rodenkirchen gekommen war, riß ein Loch in die Schürze, und aus der Erde, die herausfiel, wurden die neun Berge. Er stopfte das Loch zu und ging weiter; als er bis Gustow gekommen war, riß wieder ein Loch in die Schürze, und es fielen dreizehn kleine Berge heraus. Mit der noch übrigen Erde ging er ans Meer und goß sie hinein. Da ward der Prosnitzer Haken und die niedliche Halb-

127

insel Drigge. Aber es blieb noch ein schmaler Zwischenraum zwischen Rügen und Pommern, und der Riese ärgerte sich so sehr darüber, daß er plötzlich von einem Schlagfluß hinstürzte und starb. – In den neun Bergen von Rambin wohnen nun die Zwerge und die kleinen Unterirdischen und tanzen des Nachts in den Büschen und Feldern herum und führen ihre Reigen und ihre Musiken auf im mitternächtlichen Mondschein, besonders in der schönen und lustigen Sommerzeit und im Lenze, wo alles in Blüte steht; denn nichts lieben die kleinen Menschen mehr als die Blumen und die Blumenzeit. Sie haben viele schöne Knaben und Mädchen bei sich; diese aber lassen sie nicht heraus, sondern behalten sie unter der Erde in den Bergen, denn sie haben die meisten gestohlen oder durch einen glücklichen Zufall erwischt und fürchten, daß sie ihnen wieder weglaufen möchten.« – Auch um den Dobberworth bei Sagard, Rügens größtes Hügelgrab, ranken sich ähnliche Volkssagen.

Doch wir wollen unsere Aufmerksamkeit noch einmal auf die Entstehungszeit jener Grabanlagen richten. Während im Neolithikum die schier unerschöpflichen Feuersteinvorkommen als Exportgegenstand die wirtschaftliche Lebensgrundlage der Bewohner bildeten, trat in der Bronzezeit wohl vor allem Bernstein, das »Gold des Meeres«, an diese Stelle. Ob auch landwirtschaftliche Erzeugnisse die Rolle von Handelsgut übernahmen, ist bei dem gegenwärtigen Forschungsstand noch eine umstrittene Frage. Immerhin verraten uns Funde mancherlei Einzelheiten über den Anbau von Weizen, Gerste und Hirse und die Haltung von Rindern, Schweinen und Pferden.

Leider wissen wir viel zuwenig über die Lebensverhältnisse der damaligen Menschen. Eine Prüfung der Gräberfunde läßt jedoch so viel erkennen, daß man während der jüngeren Bronzezeit (1100–500 v.u.Z.) zur Leichenverbrennung und zur Bestattung der Asche in Tongefäßen überging. Die Sitte der Urnenbeisetzung wurde auch noch in der um 500 v.u.Z. beginnenden Eisenzeit beibehalten.

Ganze Urnenfriedhöfe sind durch den Pflug ans Tageslicht gebracht worden. An Hand dieser Gefäße oder Gefäßscherben vermochte der Wissenschaftler wieder Einflüsse anderer Kulturen festzustellen. Während in der jüngeren Bronzezeit auf Rügen Ausstrahlungen der »Lausitzer Kultur« wirksam wurden, stand die Inselkultur der älteren Eisenzeit im Zeichen des Jastorf-Kreises, d.h. einer überwiegend bäuerlichen Kultur, die nach dem Hauptfundort bei Bevensen benannt wird.

Die Vorzüge des neuen Metalls lagen für die nunmehr germanische Bevölkerung auf der Hand. Das Eisen brauchte im Gegensatz zur Bronze nicht mehr importiert zu werden. Es stand als Raseneisenstein an Ort und Stelle zur Verfügung und erwies sich für die Herstellung von Arbeitsgeräten und Waffen als ungleich günstiger.

Der Handelsverkehr mit Landschaften des Südens scheint während dieser Zeit jedoch keineswegs völlig unterbrochen gewesen zu sein. So fanden sich Erzeugnisse des römischen Kunsthandwerks auf Begräbnisplätzen reicher Personen.

Obgleich die Funde seltener und die Forschungen über diese Periode noch längst nicht abgeschlossen sind, erhalten wir durch Grabungsergebnisse doch das Bild einer stärkeren sozialen Gliederung der Bewohner.

Die sogenannte römische Kaiserzeit (um die Zeitenwende bis 375 u.Z.), in der wir bei der Keramik starke Einflüsse der wandalischen und burgundischen Kulturen wahrnehmen, und die Völkerwanderungszeit leiten über in die Jahrhunderte, die man mit Recht als eine der »klassischen« Vorgeschichtsepochen Rügens bezeichnet hat: die Slawen- oder Wendenzeit.

»Dolmen« bei Lauterbach

Hünengrab von Lancken-Granitz

Herzogsgrab auf Mönchgut

Hünengrab von Nobbin

Lietzow

Geräte aus Stein (Museum Stralsund)

Steinzeitliche Keramik (Gingst)

Bronzene Hängeschale

Der Dobberworth bei Sagard

137

Reitersiegel des rügenschen Fürsten Wizlaw II.
(Original: Stadtarchiv Stralsund)

Slawischer Mahlstein (Museum Gingst)

Ausgrabungen in Ralswiek

Dokumentationsstätte für Kulturgeschichte in Ralswiek

Slawischer Bildstein aus der Kirche von Altenkirchen

Slawischer Grabstein zu Bergen

Nordküste von Wittow

Wenn wir bisher lediglich auf die Ergebnisse der Wissenschaft des Spatens angewiesen waren, dürfen wir nun allmählich die Historiker und Philologen zu Worte kommen lassen. Für den Geschichtswissenschaftler stellen Chroniken und Urkunden, für den Sprachgelehrten der reichhaltige Bestand an slawischen Orts- und Flurnamen wertvolle und aussagefähige Quellen dar. Beide vermögen uns indessen über die Anfänge der Slawenepoche Rügens, die wir im 6. Jahrhundert nach der Zeitenwende anzusetzen haben, kaum Anhaltspunkte zu geben. Da auch die prähistorischen Funde der frühen slawischen Periode zunächst noch äußerst spärlich bleiben, gelangen wir bei Fragen nach dem Siedlungsbeginn nicht über Vermutungen hinaus. Jüngste Ausgrabungen im mecklenburgischen Festlandsraum lassen allerdings mit guten Gründen den Schluß zu, daß die erste Welle wendischer Einwanderer aus dem Südosten in das Gebiet an der Ostsee kam.

Es ist kaum anzunehmen, daß die Insel von dieser Landeinnahme unberührt blieb. Notwendige und von der Forschung bereits begonnene Untersuchungen rügenscher Siedlungsplätze dürften auch hierbei zu neuen Ergebnissen führen.

Erst um die Zeit der letzten Jahrtausendwende häufen sich die Funde, setzt die schriftliche Überlieferung ein, die uns mit den Äußerungen eines Thietmar von Merseburg (975–1019), des schon genannten Adam von Bremen (gest. um 1076) und später schließlich mit der Chronik des Helmold von Bosau (gest. nach 1177) nähere Kunde über die Inselbewohner bringt. So bedeutsam diese chronikalischen Berichte auch auf den ersten Blick erscheinen mögen, auf die Bodenforschung können wir vorerst nicht verzichten. Und die zutage geförderten Zeugnisse der materiellen Kultur: Keramikgefäße, Arbeitsgeräte, Waffen und Schmuckgegenstände, geben uns mannigfache Aufschlüsse über die wirtschaftlichen Verhältnisse der insularen Bevölkerung.

Der rügensche Acker birgt auch heute noch unzählige Tonscherben. Wo die Funde ins Museum gelangten und die sachkundige Hand des Wissenschaftlers es vermochte, Teile zu einem Ganzen zusammenzufügen, erhalten wir bald eine Vorstellung vom handwerklichen Können der slawischen Menschen.

Doch es sind vor allem Reste frühgeschichtlicher Besiedlung, jene gewaltigen Burgwälle nämlich, die unsere Aufmerksamkeit erwecken: Arkona, das Nordkap der Insel, der Rugard am Rande von Bergen, die Herthaburg und der Hengst in den Waldungen der Stubnitz, die Burgwälle von Garz, Bietegast, Capelle, Gobbin, Werder und Zudar. Sie dienten den Slawen als Verwaltungszentren, als Markt- und Tempelplätze und erinnern mehr noch an unruhige, von Kriegslärm erfüllte Zeiten. Indem die auf Rügen ansässigen Wenden in das Licht der Geschichte treten, lernen wir sie sogleich als äußerst streitbare Menschen kennen. Der Volksstamm der Ranen, zum größeren Verbande der Lutizen gehörend, richtete die Waffen gegen Dänen, Deutsche und Polen. Wir hören von Raubzügen auf das Festland und Plünderungen auf dänischen Inseln.

Den Rügenern kam bei der Verteidigung ihrer Heimat zweifellos die Insellage sehr zustatten. Als während des Winters 1123/24 das Heer des Obotritenfürsten Heinrich brandschatzend über die Siedlungen herfiel, versuchten die Ranen, den Frieden zu erkaufen. Sie sagten hohe Geldzahlungen und die Auslieferung von Geiseln zu und veranlaßten auf diese Weise den Feind zum Verlassen der Insel. Das Versprechen scheint jedoch keineswegs in vollem Umfang erfüllt worden zu sein. Denn ein Jahr später rüstete derselbe Gegner im Bündnis mit Lothar von Sachsen zum Überfall und näherte sich, über das Eis kommend, der Insel. Da setzte überraschend Tauwetter ein und vereitelte die Angriffsabsichten der kriegerischen Obotriten. Die Ranen waren durch diesen glücklichen Umstand gerettet.

Es ging freilich nicht immer so glimpflich für sie ab. Dänen sind es vor allem gewesen, die während des 12. Jahrhunderts in ihren Expansionsbestrebungen die Slawen bedrohten. Gegen diese Angriffe galt es sich zu schützen. So entstanden an strategisch günstigen Stellen – in unmittelbarer Nähe des Meeres oder an erhöhten, von Sumpf und Moor umgebenen Plätzen – Burgen, von denen noch heute zahlreiche Wallanlagen eindrucksvoll zeugen. Ursprünglich waren es sogenannte Fliehburgen, die, lediglich im Kriegsfall aufgesucht, den Bewohnern Schutz bieten sollten. Allmählich entwickelten sich die durch hölzerne Palisaden befestigten und mit Zinnen gekrönten Wälle auch zu Mittelpunkten des politischen und gesellschaftlichen Lebens. Die Wehranlagen von Garz, Bergen und Arkona waren dabei die bedeutendsten der Insel. Über die letzte Burg heißt es in der meisterhaften Schilderung des Dänen Saxo: »Die Feste Arkona liegt auf dem erhabenen Gipfel eines Vorgebirges und wird im Osten, Süden und Norden durch natürliche, nicht von Menschenhand hergestellte Schutzmittel gedeckt, da die jähen Felswände das Aussehen von Mauern zeigen. Ihre Höhe ist so groß, daß auch ein mit der Schleudermaschine abgeschossener Pfeil den oberen Rand nicht erreichen könnte. Auf denselben Seiten wird die Feste durch das herumfließende Meer eingeschlossen. Im Westen aber wird sie durch einen 50 Ellen hohen Wall umgeben, dessen untere Hälfte aus Erde bestand, während die obere Holzwerk mit eingefügten Erdschollen enthielt. Die Nordseite des Walles bewässert ein sprudelnder Quell, zu dem die Burgleute mit Hilfe eines befestigten Ganges gelangen konnten.«

Die Tempelburg sollte schließlich in der Geschichte der Ranen eine ganz besondere Rolle spielen. Das war im Jahre 1168, als am 15. Juni die Dänen unter König Waldemar I. und Bischof Absalon von Roskilde Arkona eroberten und das von den Wenden verehrte Standbild der Gottheit Swantewit vernichteten. Ein Zufall war den Belagerern zu Hilfe gekommen. Sie hatten an einer von den Slawen unbeobachteten Stelle Feuer anzubringen, das Holzwerk in Brand zu setzen und dadurch den Zugang zur Burg freizulegen vermocht. Der Fall von Arkona besiegelte das Ende der von dem wendischen Volksstamm hartnäckig und heldenhaft verteidigten Freiheit. Wenige Tage später ergab sich die Besatzung der Festung Garz, des politischen Zentrums der Insel. Rügen wurde dem dänischen Reich als Lehen angegliedert und christianisiert. Der Bischof von Roskilde bestimmte für den Inselbereich einen Propst mit dem Sitz in Ralswiek – dort, wo Prähistoriker 1965 ein großes slawisches Gräberfeld, Reste einer frühgeschichtlichen Siedlung, 1967 und 1968 drei etwa 1 000 Jahre alte Schiffe und 1973 einen beachtlichen Schatz arabischer Münzen entdeckten.

Der Untergang des Slawentums auf Rügen war keineswegs die Folge eines gewaltsamen Aktes. Er vollzog sich vielmehr als ein allmählicher Prozeß nach einer Zeit engen Zusammenlebens von Deutschen und Slawen. Obgleich die einheimischen Fürsten von Jaromar I. (gest. 1218) bis Wizlaw III. (gest. 1325) die Einwanderung deutscher Siedler begünstigten, blieb das Slawentum auch in seiner Sprache hier länger als auf dem gegenüberliegenden Festland lebendig.

Die Inselbesucher entdecken auch heute noch auf Schritt und Tritt Spuren der Wendenzeit. So ist der weitaus überwiegende Teil aller Ortsbezeichnungen slawischen Ursprungs. Dazu gehören die Namen mit den Endungen -ow, -in,

-itz, und -gast. Sie überliefern uns zumeist alte Personennamen, weisen aber auch auf Eigentümlichkeiten des früheren Landschaftsbildes hin. Grabow bedeutet »Hainbuche«, Thießow »Eibenort«, Göhren »Berg«, Patzig »Sandort« und Putgarten »unter der Burg«. Oft sind Orte und Fluren nach den freilebenden Tieren benannt worden, die der Mensch in Feld und Wald antraf; so Weltzin – Wolf, Gansevitz – Gans, Gellen – Hirsch und Lunvitz – Falke.

Auf Fragen nach den gesellschaftlichen und sozialen Verhältnissen vermag das Namengut jedoch kaum Antwort zu geben. Wir werden dazu noch einmal die zeitgenössischen Aufzeichnungen der schon genannten Autoren zu prüfen haben. So widerspruchsvoll diese Berichte auch im einzelnen sein mögen – immer wenn vom Zusammenleben der Ranen, von ihren Familien die Rede ist, weiß man nur Gutes zu sagen. Der eine rühmt die eheliche Treue der Frauen, der andere die Ehrfurcht der Jugend vor dem Alter. Eine Bestätigung für die hohe Wertschätzung der Familie können wir wohl auch im Ergebnis von Ausgrabungen des Jahres 1964 durch Wissenschaftler des Kulturhistorischen Museums Stralsund auf der Insel Pulitz sehen. Es zeigte sich, daß in slawischen Grabstätten Glieder einer ganzen Familie zusammen beigesetzt worden sind.

Versuchen wir es, die Ranen als Volksstamm zu betrachten, dann stellen wir bei den Inselbewohnern freilich eine starke soziale Differenzierung fest. Einer geringen bevorzugten Oberschicht stand die Masse der abhängigen Bauern gegenüber. Ihr Los war in dieser Feudalordnung hart. Sie hatten die gewaltigen Burgen zu bauen, Kriegsdienste zu leisten und schwere Abgaben zu entrichten.

Zum Bestellen der Äcker bediente man sich des Hakenpfluges. Für die Ernährung erlangte neben der Landwirtschaft, Jagd und Waldbienenzucht die Fischerei auf den ergiebigen Gewässergründen besondere Bedeutung. Wenn zur Zeit der Herbststürme Heringe in großen Mengen an den Küsten gefangen wurden, dann erschienen auswärtige Händler auf der Insel und boten begehrte Waren zum Tausch an.

Wer als Fremder die Insel mit friedlichen Absichten betrat, der erlebte bei den Ranen stets eine beispielhafte Gastfreundschaft. Auch Helmold, dessen Schilderung ohne Zweifel mit Vorurteilen belastet ist, vermochte diese Tatsache nicht zu umgehen. In seiner Chronik lesen wir: »Man ist bei ihnen außerordentlich gastfreundlich, und sie erweisen auch den Eltern die schuldige Ehre. Niemals findet man bei ihnen einen Bedürftigen oder Bettler; sobald jemand unter ihnen krank oder altersschwach wird, übergibt man ihn seinem Erben zur Pflege, der ihn auf das barmherzigste versorgen muß. Denn Gastfreundschaft und Sorge für die Eltern gelten bei den Slawen als die ersten Tugenden.«

Viele Fragen bleiben jedoch offen, wenn wir versuchen, aus den Aussagen der mittelalterlichen Berichterstatter ein abgerundetes Bild von der Kultur der slawischen Inselbewohner zu gewinnen. Während der deutsche Geistliche Helmold von Bosau in den heidnischen Ranen zunächst und vor allem ein »Menschengeschlecht, dem Götzendienste und Aberglauben ergeben«, vor sich zu haben glaubte, unterschätzte Saxo Grammaticus, beeinflußt durch seinen dänischen Standpunkt, die Leistungen seiner Gegner.

Erst Jahrhunderte später wurde ein Urteil gefällt, das viel Beachtung verdient: »Die Slaven waren nach allem, was wir gesehen haben, ein eben so schönes, starkes, edles und tapferes Volk, als die Teutschen.« Der Mann, der diesen Satz niederschrieb, war Ernst Moritz Arndt.

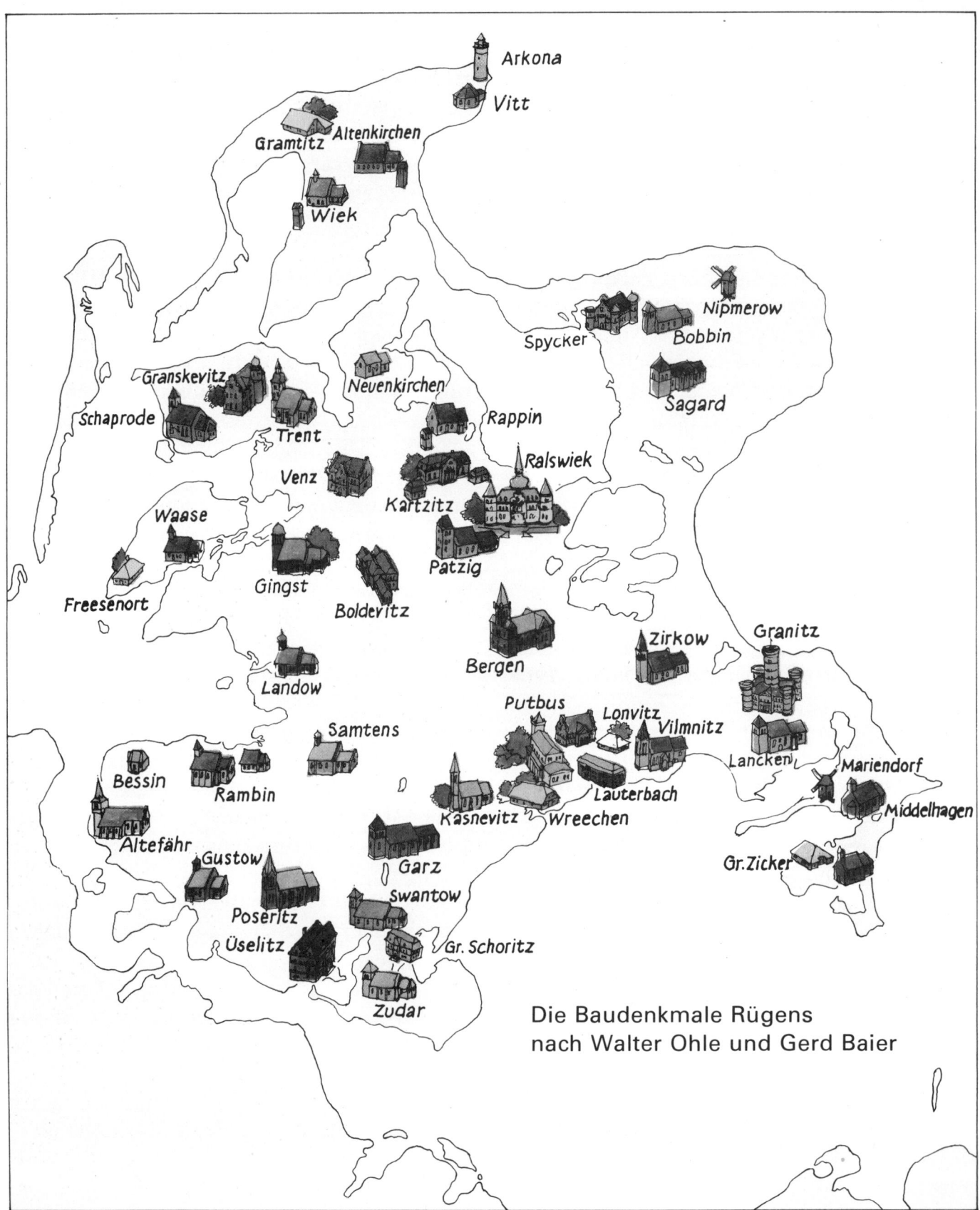

Die Baudenkmale Rügens nach Walter Ohle und Gerd Baier

Dörfer und Städte

Bei jedem Versuch, die Insel mit dem gegenüberliegenden Festland zu vergleichen, zeichneten sich bisher Besonderheiten Rügens ab. Ob es das massenhafte Vorkommen bearbeiteter Feuersteingeräte und die beachtliche Anzahl erhaltener Großsteingräber für die ältere oder reichhaltige Metallfunde und die vielen bronzezeitlichen Grabhügel für die jüngere urgeschichtliche Zeit waren, immer rechtfertige der archäologische Befund die Tatsache einer Sonderstellung unserer Ostseeinsel.

Daran ändert sich zunächst auch in der nun beginnenden historischen Epoche nichts. So zeigt jedenfalls das Bild der ländlichen Siedlungen Formen, die noch über Jahrhunderte hinweg die Struktur der alten slawischen Anwesen erkennen lassen. Gemeint sind kleine Gehöftgruppen, die wir als Weiler bezeichnen und die auch heute noch auf allen Inselteilen zu beobachten sind. Wir finden sie auf Wittow, der nördlichen Halbinsel, und in der Randzone der Jasmunder Bodden, auf westrügenschem Gebiet sowie um die ehemalige Fürstenburg Garz im Südosten. Die für den benachbarten festländischen Bereich charakteristischen Hagenhufen- und Angerdörfer erscheinen hingegen kaum auf Rügen. Diese Feststellung ist bedeutsam; denn jene Dorftypen gelten als ein Kennzeichen der deutschen Siedlungsbewegung des 13. und 14. Jahrhunderts. Damit wird zugleich ein Licht auf die mittelalterlichen Siedlungsverhältnisse im allgemeinen geworfen. Wir wollen dabei die von der historisch-geographischen Forschung vertretene Ansicht, daß »die Insel als slawisches Rückzugsgebiet am Rande der Kolonisation liegenblieb«, nicht unbeachtet lassen.

Doch unsere Vergleichsstudie führt zu weiteren Ergebnissen. Betrachten wir nämlich frühe Wirtschaftsformen, dann erkennen wir, daß die auf dem Festlande verbreiteten Agrarsysteme der Drei- und Vierfelderwirtschaft für Rügen nur in geringen Ansätzen nachzuweisen sind. Aus diesen und anderen Gründen gelangen wir zur Erkenntnis, daß die Wenden Rügens länger als die des Festlandes ihre Eigenheiten zu wahren vermochten. – Wir haben dazu noch gewichtige Argumente anzuführen. Nehmen wir die schriftlichen Quellen zur Hand und blicken in das älteste, aus dem Jahre 1318 überlieferte Steuerregister, stellen wir fest, daß von insgesamt 205 rügenschen Orten lediglich 12 deutsche Namen tragen. Beim Lesen der Jahreszahl 1318 sollten wir uns vergegenwärtigen, daß bereits um jene Zeit kaum drei Kilometer südlich der Insel die deutsche Stadt »tom Sunde« einen bemerkenswerten Entwicklungsstand erreicht hatte. Obgleich der Handel, und zwar der seewärts orientierte Fernhandel, in Stralsund die entscheidende Rolle zu spielen begann, darf man – wie wir noch sehen werden – die Auswirkungen auf das Land, die Beziehungen zwischen der Stadt und den Dörfern der Umgebung, keineswegs unterschätzen. Die genannte Matrikel des Jahres 1318 verrät uns mehr. Zahlreiche Ortsnamen, die, einem Netz gleich, sich über das gesamte Inselterritorium erstrecken, deuten einmal auf eine dichte wendische Besiedlung hin und gestatten ferner Schlüsse auf die Wirtschaftslage der damaligen Bewohner. Alte Anschauungen, nach denen die Slawen ihren Ackerbau lediglich auf leichte Sandflächen beschränkt, die Bearbeitung schwerer Böden jedoch beharrlich gemieden hätten, gilt es am Beispiel Rügens zu korrigieren. 580 slawische Flurnamen, die wir auch für die inneren Gebiete der Insel belegen können, beweisen dies überzeugend.

Die rügensche Landschaft hat sich im Verlauf der Jahrhunderte freilich erheblich verändert. Ursprünglich dehnten sich in den Niederungen größere Bruch- und Moorflächen aus. Und dort, wo heute moderne Erntemaschinen über die Weite fruchtbarer Äcker hinziehen, standen im frühen Mittelalter noch dichte Laubwaldungen. Wir wissen das auf Grund naturwissenschaftlicher Forschungen. Ja, die Pollenuntersuchungen des Biologen vermochten sogar einzelne Gehölzarten des früheren Inselwaldes, bei dem offensichtlich die Eiche dominierte, zu rekonstruieren. Der Philologe konnte das durch Orts- und Flurnamen bestätigen. Doch dem Namengut sind darüber hinaus interessante Einzelheiten – auch über die Tätigkeit der slawischen Inselbewohner – zu entnehmen. So berichten von Kultivierungsarbeiten die Gemarkungsnamen Lase und Preseke. Im ersten ist vermutlich das Wort las = »durch Niederbrennen von Gebüsch gewonnenes Ackerland« und im zweiten preseka = »Ausroden der Wälder« überliefert.

Erst im 14. Jahrhundert betraten deutsche Siedler in größerem Umfang die Insel. Sie setzten gemeinsam mit den ansässigen Slawen das Werk der Urbarmachung Rügens fort, entwässerten die Sümpfe und rodeten die Gehölze. Nur Mönchgut, die südöstliche Halbinsel Rügens, wurde früher von deutschen Bauern besiedelt. Ihre nördliche Hälfte, das Land Reddevitz, war schon im Jahre 1252 in den Besitz des vor den Toren Greifswalds gelegenen Zisterzienserklosters Eldena gekommen. 1360 erwarben die Mönche schließlich auch den südlichen Teil, das Land Zicker, dazu. Auf dem »Mönniken Guedt«, wie die Halbinsel im Mittelalter genannt wurde, erinnern noch die Namen der Dörfer Middel- und Kleinhagen an diesen Besiedlungsvorgang. Der dritte Ort, Grothagen, fiel zu Beginn des 17. Jahrhunderts den bauernfeindlichen Bestrebungen des pommerschen Herzogshauses zum Opfer.

Aber damit greifen wir bereits weit voraus. Ohne hier schon nach der Entwicklung des Feudalsystems und dessen Auswirkungen auf die unteren Bevölkerungsschichten zu fragen, wenden wir uns zunächst den ältesten Bauwerken der Insel zu.

Mittelalterliche Chronisten wußten zu melden, daß unmittelbar nach der Vernichtung des slawischen Heiligtums Arkona im Jahre 1168 mit dem Bau von 12 christlichen Gotteshäusern begonnen worden wäre. Wir wissen über ihr Aussehen überhaupt nichts. Die Annahme, daß es sich dabei um Holzkirchen gehandelt habe, wie sie seinerzeit auch in Dänemark verbreitet waren, wird man kaum anzuzweifeln brauchen. Eine Spur dürfte indessen bei umfangreichen Ausgrabungen des Jahres 1922 auf Arkona entdeckt worden sein. Der berühmte Archäologe Carl Schuchardt glaubte zwar, in freigelegten Fundamenten die Reste des alten Swantewit-Tempels vor sich zu haben. Nach späteren Deutungen des Grabungsbefundes, die wir dänischen Gelehrten verdanken, handelte es sich dagegen wahrscheinlich um Teile eines christlichen Kirchenbaues.

Das älteste gegenwärtig noch erhaltene Gebäude Rügens ist St. Marien von Bergen. Die frühe, eng mit der Person Jaromars I. verknüpfte Baugeschichte dieser Kirche spiegelt eindrucksvoll die politischen Verhältnisse des Fürstentums Rügen um die Wende vom 12. zum 13. Jahrhundert wider. Im Jahre 1193 beurkundete Fürst Jaromar die Gründung des Nonnenklosters Bergen und nahm an der Weihe der Klosterkirche teil. Doch war dieser 1193 in seinem ersten Teil fertiggestellte Bau von Anfang an zur klösterlichen Anlage bestimmt? Das ist eine Frage, die von der kunsthistorischen Forschung unserer Tage entschieden verneint wird. Man nimmt vielmehr an, daß das ursprüngliche Bauprogramm die Errrichtung einer repräsentativen Residenzstätte vorsah, einer »Pfalz«, wie sie der erste christliche Herrscher Rügens als Teilnehmer dänischer Reichstage im Westen mit eigenen Augen gesehen hatte. Was lag ihm näher, als diesem Vorbild nachzueifern und die Umwandlung seiner alten Burg in einen Gebäudekomplex von Palas und Hofkirche anzustreben? – Nach allem, was wir von Jaromar erfahren, bemühte er sich auch als dänischer »Vasall«, gewisse Freizügigkeiten zu wahren. Die Verwirklichung jener Bauabsichten hätte dem Gedanken der Selbständigkeit zweifellos einen besonderen Ausdruck verliehen. Eine derartig souveräne Haltung mußte indes bei den um die Sicherung ihrer Machtpositionen besorgten Dänen Einsprüche hervorrufen. Die Pläne des Rügeners wurden durchkreuzt. Dabei war die Ansiedlung des Nonnenklosters von dänischer Seite ein sehr geschickter Schachzug. Sie zwang den Ranen, seine Baukonzeption aufzugeben und den für andere Zwecke bestimmten Sakralbau in eine Klosterkirche umzuwandeln. Die Vermutung, daß bei diesen Vorgängen der gewiegte Diplomat Dänemarks, Absalon von Roskilde, seine Hände im Spiel gehabt habe, leuchtet um so mehr ein, als der Bischof offenbar eine besondere Vorliebe für die Stiftung von Frauenklöstern bekundete.

Gewiß, diese Deutung bleibt bei dem Fehlen zuverlässiger urkundlicher Nachrichten vorerst eine kühne Hypothese. Fest steht jedoch soviel: der späteren Klosterkirche lag ursprünglich ein anderer Bauplan zugrunde. Dieses überzeugende Ergebnis neuer kunstgeschichtlicher Forschungen – erhärtet durch Untersuchungen des ältesten Baubefundes – spricht für sich.

Wie dem auch im einzelnen gewesen sein möge – St. Marien von Bergen zählt heute als eines der frühesten Ziegelgebäude unseres Raumes zu den interessantesten sakralen Bauleistungen des südlichen Ostseeküstengebietes. Schon um 1180 dürfte der Grundstein gelegt worden sein. Die romanischen Teile, Partien des Chores und der Apsis, des Westhauses und der Pfeiler mit vorgelegten Halbsäulen, weisen nach Dänemark. Von dort sind wahrscheinlich auch die ersten Bauleute gekommen. Sie brachten mit dem Grundriß und den Besonderheiten der dänischen Architektur zugleich die Technik des Backsteinbaus auf die Insel. Von dem großzügig angelegten romanischen Bauwerk scheint freilich nur der Ostteil fertiggestellt worden zu sein. Langschiff und Obergeschoß des Querbaues gehören einer viel späteren Zeit an, nämlich der zweiten Hälfte des 14. Jahrhunderts. Der romanischen Epoche entstammen jedoch wertvolle Wandmalereien des Chor- und Querhausbereichs mit Darstellungen des Paradieses, der Hölle und anderer biblischer Motive. Leider gehen auf wohlgemeinte Restaurierungsabsichten der letzten Jahrhundertwende viele unnötige Zutaten zurück, die das ursprüngliche Bild allzusehr überdecken. Von den Ausstattungsstücken der Bergener Marienkirche wollen wir den um 1200 entstandenen kostbaren romanischen Kelch, die aus gotländischem Kalkstein gefertigte Fünte (= Taufe) und die Barock-Kanzel, eine Arbeit des Stralsunder Bildhauers Jacob Freese, erwähnen.

Um die Zeit, als dänische und einheimische Maurer die Arbeiten am Ostteil von St. Marien beendeten, erfolgte bereits der erste Spatenstich zum Bau rügenscher Dorfkirchen. Und die nächsten zwei Jahrhunderte sahen die Errichtung zahlreicher sakraler Gebäude auf allen Teilen der Insel. Diese spätromanischen und gotischen Kirchen und Kapellen – wir zählen gegenwärtig noch 28 – gehören als Zeugen mittelalterlicher Baukunst zum Bild der Landschaft. Die Deutsche Demokratische Republik hat sie unter Denkmalschutz gestellt. Ihr kulturgeschichtlicher Wert ist um so größer, als sämtliche Werke der profanen Architektur jener Jahrhunderte verschwunden sind.

Ein dänischer Einfluß, den man bei den ältesten, um 1200 begonnenen Dorfkirchen – Altenkirchen auf Wittow, Schaprode am Westrande der Insel und Sagard auf Jasmund – wahrnehmen kann, tritt im 13. Jahrhundert mehr und mehr zurück. Wenn wir von der staatsrechtlichen Bindung Rügens an Dänemark sprachen – und hinzuzufügen wäre der Hinweis auf die kirchliche Zugehörigkeit der Insel zum Bistum Roskilde, die, sogleich nach der Eroberung Arkonas eingeleitet, noch jahrhundertelang andauern sollte –, gilt es jedoch zu bedenken, daß ein größerer dänischer Siedlungsvorgang unterblieb. Wir finden weder Inseldörfer mit dänischen Bauern noch geschlossene Ansiedlungen dänischer Fischer und Händler. Die Auswirkungen des nordwesteuropäischen Landes beschränkten sich vielmehr auf den Einsatz von Geistlichen und, im Zusammenhang damit, auf die Tätigkeit von Handwerkern bei kirchlichen Bauwerken.

Mit dem Zustrom deutscher Siedler gelangten gegen Ende des 13. und zu Beginn des 14. Jahrhunderts auch jene Kunstelemente des Sakralbaues auf die Insel, die kennzeichnend für die Backsteinarchitektur des mecklenburgischen und vorpommerschen Festlandes sind. In der Gesamtanlage wie im Detail, sei es im Grundriß oder in der Chorbildung, in der Errichtung von Pfeilern und in der Gestaltung der Gewölbe – immer ist die Abhängigkeit vom festländischen Baugeschehen deutlich. Und es dürfte schwerfallen, jetzt auch nur gewisse Modifikationen, Ansätze von rügenschen Eigenheiten, in der Formensprache festzustellen. Stralsund übernahm dabei in hohem Maße die Aufgabe der Vermittlung. Über die Hansestadt führte der Import von kostbaren Ausstattungsstücken.

Wenden wir uns bei unserer gedrängten Überschau jener für die Entstehungsgeschichte der Inselkirchen bedeutsamen Jahrhunderte noch einmal der romanischen Epoche zu. Altenkirchen und Schaprode verdienen dabei unsere besondere Aufmerksamkeit. Beide Kirchen sind freilich – wie St. Marien zu Bergen – nicht mehr in romanischer Zeit vollendet worden. Doch die ältesten Partien mit ihren charakteristischen rundbogigen Fenstern geben uns durchaus eine Vorstellung von dem kunstvollen Schaffen jener frühen Zeit. Sie zeigen in den Friesen am oberen Abschluß der Apsiden einen reichen ornamentalen Schmuck, wie wir ihn bei keiner anderen rügenschen Dorfkirche wiederfinden.

Das Baumaterial lieferte der aus Ton und Lehm »gebackene« Stein. Daneben aber – und gar nicht so selten – sieht man Feldsteine im Mauerwerk verarbeitet. Die gotische St.-Pauls-Kirche zu Bobbin ist fast als ein Feldsteinbau zu bezeichnen. Andere Pfarrkirchen, wie in Poseritz, Samtens und Wiek, ruhen auf Fundamenten von großen Findlingen rügenscher Felder. Von der ursprünglichen Ausstattung sind leider im Verlauf der Jahrhunderte infolge Kriegs-

Weilersiedlung Nistelitz

Zudar

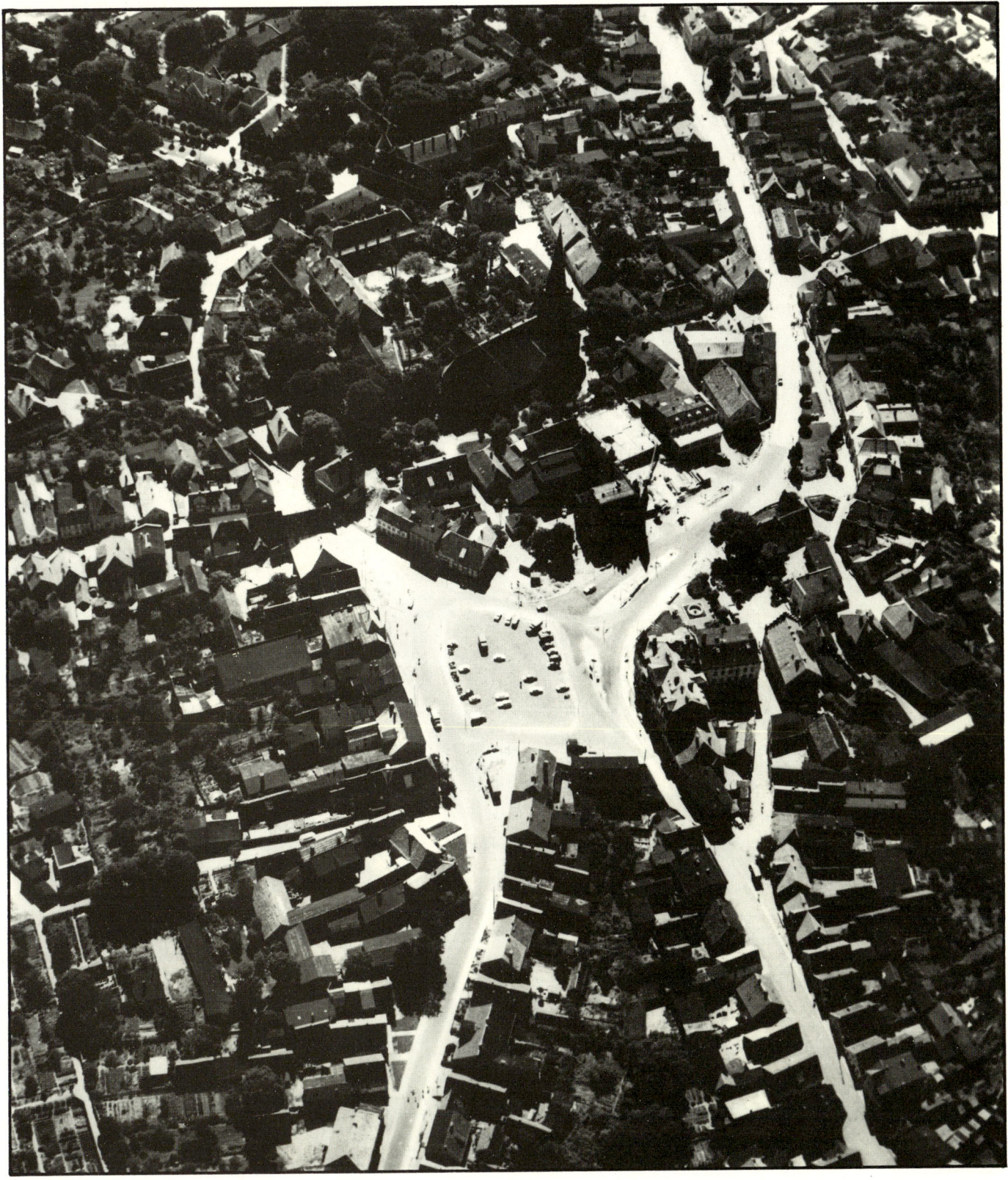
Bergen

Marienkirche Bergen, Mittelschiff

Romanischer Jaromarskelch der Marienkirche Bergen

Gotisches Altarwerk in der Kirche von Waase

Detail des Waaser Altars mit Darstellung der Ermordung Thomas Beckets

Renaissancekanzel in Waase

verwüstungen, vermutlich auch durch Unverstand, viele Stücke verlorengegangen. Lediglich die Kirchen Middelhagen, Patzig und Waase beherbergen heute noch gotische Schnitzaltäre. Der sehr bemerkenswerte flandrische Altarschrein von Waase mit Szenen aus dem Leben des heiligen Thomas Beckett, zunächst wohl für eine englische Kirche bestimmt, nahm den Weg nach Stralsund und erhielt im Jahre 1708 schließlich seinen Platz in der vom Verkehr abgelegenen Ummanzer Dorfkirche. Als Schöpfungen der romanischen und gotischen Zeit sind die Kalksteinfünten, Grabplatten und -wangen, ferner Triumphkreuze, Leuchter und Edelmetallgeräte sowie das Reiterstandbild des St. Jürgen von Wiek – als Leistungen der Renaissance und des Barocks die Kanzeln und Gestühle, Epitaphien und Orgeln zu betrachten.

Wir haben damit wesentliche Kunstwerke genannt, müssen indessen noch einige Worte über zwei Grabsteine hinzufügen, die wir in den Kirchenbauten von Bergen und Altenkirchen antreffen. Sie erinnern an die vorchristliche Zeit und entstammen slawischen Begräbnisplätzen. Bei der noch in Umrissen erkennbaren Figur handelt es sich offensichtlich nicht um den Verstorbenen, sondern vermutlich um ein Bild der Ranengottheit Swantewit. Das Trinkhorn in den Händen der männlichen Gestalt weist dar-

Hausmarken an der Kirche von Schaprode

Sonnenuhr an der Kirche in Sagard

auf hin. Sie wurden später in das Mauerwerk der Kirchen eingefügt und künden, Denkmälern gleich, von ferner rügenscher Vergangenheit.

Wohngebäude der mittelalterlichen Rügener kennen wir nicht. Die bäuerliche Bevölkerung bediente sich bei der Errichtung ihrer Häuser im Gegensatz zu den Bürgern größerer Städte des Holzfachwerks mit Lehmfüllung, einer Bauweise also, die der Lebensdauer dieser Bauten Grenzen setzte. Die ältesten gegenwärtig erhaltenen Bauern- oder Fischerhäuser dürften in der zweiten Hälfte des 17. Jahrhunderts entstanden sein. Sie zeigen den Typ des niederdeutschen Hallenhauses, jenes Gebäudes, das mit seinen niedrigen Fachwerkwänden unter hohem, steilem Dach Wohnung, Stall und Stapelraum für Getreide, Stroh und Heu vereinte. Der Volkskundler weiß bei diesen Häusern verschiedene Gruppen zu unterscheiden. Dabei stellt der sogenannte Zuckerhut, ein Durchgangshaus mit quadratischem Grundriß, den ältesten Bautyp dar. Das Hallenhaus, das infolge ungewöhnlich starker Ausprägung der Leibeigenschaft auf Rügen wohl nicht allzusehr verbreitet gewesen ist, verschwindet seit dem 19. Jahrhundert mehr und mehr. Die Gründe des Abgangs sind sowohl im Wandel der Wirtschaftsstruktur als auch in höheren Anforderungen an die Wohnkultur zu suchen. Wenn um die letzte Jahrhundertwende noch in 53 Inseldörfern niederdeutsche Bauernhäuser dieses Typs festgestellt werden konnten, waren es 1984 lediglich neun. Wir beobachten sie in Groß Zicker, Kleinhagen, Lobbe, Groß Stresow, Lonvitz, Zirkow, Kasnevitz, Sehlen und auf Ummanz.

Inwieweit diese Hausform auch in Garz und Bergen, den ältesten Städten Rügens, vertreten war, läßt sich nicht mehr feststellen. Schwere Brandkatastrophen des 17. und 18. Jahrhunderts haben das ursprüngliche Bild beider Gemeinwesen völlig verändert. So fielen ganze Straßenzüge Bergens in den Jahren 1621 und 1690 Feuersbrünsten zum Opfer, und Brände von 1724 und 1765 vernichteten den größten Teil aller Wohngebäude der Stadt Garz. Wir sagen Stadt, täten jedoch gut, das Wort zuweilen mit Anführungsstrichen zu versehen. Denn wenn wir aus dem Jahre 1750 erfahren, daß seinerzeit nur 705 Einwohner gezählt wurden, könnte man mit Recht das alte Garz in die Gruppe ländlicher Siedlungen einordnen. Ihren dörflichen Charakter hat die älteste Inselstadt auch heute keineswegs ganz verloren.

Im Mittelalter spielte Garz freilich eine gewichtige Rolle. Wir haben von der slawischen Fürstenburg gesprochen und sollten nicht unerwähnt lassen, daß hier – in der Kanzlei des Fürsten Wizlaw I. – am 31. Oktober 1234 jenes Stück Pergament beschrieben und besiegelt wurde, durch das Stralsund lübisches Stadtrecht erhielt. Wenn wir mit dem Jahre 1319 Bürger und Ratsmannen der »novae civitatis« (= der neuen Stadt) Garz urkundlich belegt vorfinden, so bedeutet dies: Noch zu Lebzeiten des letzten, schon genannten rügenschen Herrschers Wizlaw III. hatte der Ort den Status eines städtischen Gemeinwesens erlangt. Das genaue Datum der Stadtrechtsverleihung ist uns unbekannt. Wir wollen hier auch nicht das Problem einer zweiten Stadtgründung, nämlich von Rugendal, untersuchen. Ohne auf für die Garzer Stadtgeschichte im engeren Sinne zweifellos bedeutsamen Ereignisse wie die Belagerung durch die Stralsunder im Jahre 1327, die uns Heutige fast wie ein Schildbürgerstreich anmutet, und auf die Notzeiten des Dreißigjährigen und des Nordischen Krieges einzugehen, überspringen wir mehrere Jahrhunderte und wenden unsere Aufmerksamkeit der jüngsten Vergangenheit zu.

Im Jahre 1930 entstand in Garz ein Institut, das den Namen der Stadt rasch in wissenschaftli-

Garz im 19. Jahrhundert

chen Kreisen Europas und darüber hinaus bekannt machte: das »Erste Deutsche Diabetikerheim«. Seine Gründung und Entwicklung sind eng mit der Person des Professors Dr. Gerhardt Katsch verbunden. Mühsam war der Anfang, damals, zur Zeit der Weltwirtschaftskrise. Es fehlte an vielem, nicht zuletzt an den notwendigen finanziellen Mitteln. Doch der Greifswalder Universitätslehrer, beseelt von seiner sozial-medizinischen Aufgabe, den Zuckerkranken Hilfe zu geben, überwand mannigfache Schwierigkeiten. Dabei galt es, das von den kanadischen Wissenschaftlern Banting und Best 1921 entdeckte Insulin forschend anzuwenden.
Bald zeigten sich die ersten Erfolge, und die behandelten Patienten durften die Gewißheit erlangen, »bedingt gesunde«, »bedingt arbeitsfähige« Menschen zu sein. Als 1955 das Heim auf sein 25jähriges Bestehen zurückblicken konnte, hatten in seinen Räumen schon mehr als 14 000 Diabetiker zeitweilig Aufnahme gefunden. Die Garzer Einrichtung trat mit ähnlichen Instituten des In- und Auslandes in Verbindung. Zahlreiche Gelehrte aus aller Welt weilten hier zu Gast. Nach 1945 wurde das Schloß Karlsburg im Kreis Greifswald in die Diabetes-Forschung und -Behandlung einbezogen und dank der Förderung unseres Staates großzügig zum Leitinstitut für Diabetes und Stoffwechselkrankheiten in der DDR ausgebaut. Ihm ist seit 1958 auch ein Sonderschul-

heim zur Betreuung diabetischer Kinder in Putbus angegliedert.

Die letztgenannte Einrichtung, gegenwärtig die einzige dieser Art in der Welt, nimmt 75 Kinder aus allen Bevölkerungskreisen auf. Neben der medizinischen Behandlung erfolgt in einem neuen Pavillonbau zugleich die schulische Ausbildung. Noch ist das Sonderschulheim ohne Beispiel. Beispiellos dürften auch die Aufwendungen unserer Republik zur Unterhaltung dieser Einrichtung sein.

Wird der Name Garz im Zusammenhang mit dem Lebenswerk des im Jahre 1961 verstorbenen großen Internisten, des Nationalpreisträgers und Verdienten Arztes des Volkes Katsch, genannt, können die Bewohner der Inselkreisstadt Bergen voller Stolz auf einen der bedeutendsten Chirurgen des 19. Jahrhunderts, auf Theodor Billroth, blicken. Er ist am 26. April 1829 im Hause 17 der heute nach ihm benannten Straße geboren worden. 1892, zwei Jahre vor seinem Tode, weilte der in Wien wirkende weltberühmte Arzt das letztemal in seiner Geburtsstadt, die ihn anläßlich dieses Besuchs durch die Enthüllung eines Bronzemedaillons ehrte.

Die Anfänge Bergens führen – wie wir sahen – in das 12. Jahrhundert zurück. Sehr viel später, erst 1613, erhielt der Ort Stadtrecht. Seitdem erfüllt das Gemeinwesen, an zentraler Stelle der Insel gelegen, wichtige Verwaltungsaufgaben. In der Zeit nach 1945 entwickelte sich die Kreisstadt unter den veränderten gesellschaftlichen Verhältnissen auch zu einem wirtschaftlichen Mittelpunkt Rügens.

Die Betriebe der hier neu angesiedelten Lebensmittelindustrie erwähnten wir bereits. Andere, wie die der Bauindustrie und das volkseigene Kleiderwerk, kamen hinzu. Betrachten wir ferner die umfangreichen Versorgungs- und

Darstellung Bergens aus dem frühen 17. Jahrhundert

Verkehrseinrichtungen und versuchen wir, die Beschäftigten in sämtlichen Bergener Betrieben zu ermitteln, gelangen wir zu Ziffern, die 5 000 weit überschreiten. Diese Zahl ist sehr beachtlich, wenn man berücksichtigt, daß die Statistik 1982 lediglich 14 100 Einwohner angab.

Bei den Versorgungseinrichtungen wollen wir nicht nur die Handels- und Handwerksbetriebe im Auge behalten. Auch das Gesundheitswesen konnte während der letzten Jahre erheblich ausgebaut und den Bedürfnissen der gesamten Inselbevölkerung entsprechend erweitert werden. Ob es das Kreiskrankenhaus mit 560 Betten ist oder die 1949 gegründete Poliklinik mit ihren sechzehn Fachabteilungen und mehreren Außenstellen oder auch die moderne Rugard-Apotheke – sie zeugen eindrucksvoll von dem Wandel, der sich gegenüber einer rückständigen Vergangenheit heute in Bergen vollzogen hat.

Das Neue findet nicht zuletzt im Wohnungsbau seinen sichtbaren Ausdruck. 1961 ist im Südosten des alten Stadtgebietes mit der Verwirklichung des Projektes »Bergen-Süd« begonnen worden. Bis zum Ende des Jahres 1980 waren hier 2 000 Wohnungen bezogen. Dazu entstanden die notwendigen gesellschaftlichen Einrichtungen, wie Schulen, Kindergärten und -krippen, eine Turnhalle, Verkaufs- und Gaststätten sowie Dienstleistungsbetriebe. Für das künftige Baugeschehen wirkt sich auch im Wohnbereich »Rotensee« das große Plattenwerk Bergen vorteilhaft aus, das mit einer Jahresleistung von annähernd 1 000 Wohnungseinheiten zahlreiche Baustellen Rügens mit Fertigteilen versorgt.

Außerdem macht der anwachsende Fremdenverkehr in viel stärkerem Maße als bisher gegenüber der Inselkreisstadt seine Ansprüche geltend. Die Bergener bemühten sich während der letzten Jahre mit bestem Erfolg, berechtigte Wünsche der Rügenurlauber zu erfüllen. Die Vergrößerung von Gaststätten, die Einrichtung leistungsfähiger Kaufhallen, der Bau von Straßen, die Umwandlung des Rugard-Geländes in ein Erholungsgebiet mit der Rugard-Gaststätte, der Freilichtbühne, der Motorradrennbahn usw. sprechen hierbei für sich.

Das Gesicht des nahezu acht Jahrhunderte alten Bergens erhält in unseren Tagen viele neue Züge. Schon prägen Industrie, Großhandels- und Verkehrsbetriebe das wirtschaftliche Profil der Stadt. Wenn wir hören, daß seit 1945 allein im Bereich der industriellen Produktion mehr als 1 000 Arbeitsplätze geschaffen, die staatlichen Handelseinrichtungen entwickelt und der zentrale Kraftverkehrsbetrieb aufgebaut werden konnten, wird uns der Strukturwandel verständlich, den die ehemals wirtschaftlich völlig unbedeutende Kreisstadt unter den Bedingungen der Arbeiter-und-Bauern-Macht erfahren hat. Während die Betriebe und Einrichtungen Bergens in der Hauptsache die Versorgung der Bewohner und Gäste Rügens übernehmen, tritt eine andere Inselstadt mit ihren Leistungen weit über das Gebiet des nördlichsten Kreises der Deutschen Demokratischen Republik hinaus. In ihr haben wir zugleich ein Beispiel schnellen und großartigen Aufbaus vor uns. Saßnitz – mit diesem Namen verbinden sich heute Vorstellungen wie: junger Fischfangbetrieb, leistungsfähiges Fischverarbeitungswerk, vollautomatisierte Kreidegewinnung und nicht zuletzt international bedeutsame Fährstation. Jede dieser Funktionen ist in der Tat so beachtlich, daß sie eine besondere Behandlung verdient. Wir beschränken uns deshalb hier auf eine Skizzierung der jüngsten Stadtentwicklung und stellen im Überblick fest: Zu Beginn des Jahres 1949 landeten 12 Kutter der seinerzeit neu gegründeten Hochseefischereiflotte ihre ersten Fänge an. Saßnitz entwickelte sich nach Rostock zu dem bedeutendsten Fischereihafen der Republik. Seit Januar 1957 bestand neben dem Fischkombinat als Fangbetrieb selbständig das volkseigene Fischwerk als Verarbeitungsstätte. Zweieinhalb Jahre später verließ das auf der Neptunwerft zu Rostock erbaute 7000 BRT große Fährschiff »Saßnitz« über die Toppen geflaggt zum erstenmal den Heimathafen in Richtung Schweden. 1963 eröffnete das Kreidewerk Klementelvitz seine Produktion.

Hinter diesen wenigen Daten verbergen sich zweifellos ungewöhnliche Leistungen. Wir werden den Aufbau des neuen Saßnitz wohl erst dann richtig verstehen und zu würdigen wissen, wenn wir die Schwierigkeiten kennen, die der zweite Weltkrieg mit seinen verheerenden Zerstörungen auch für diesen Inselteil heraufbeschworen hatte.

In den Abendstunden des 6. März 1945 erschütterten laute Detonationen das Gebiet der einzigartig schönen Stubnitzlandschaft. Die Saßnitzer Hafen- und Bahnanlagen barsten unter den Treffern schwerer amerikanischer Bomben und begruben viele Menschen, die, mit Seeschiffen angekommen, auf der Insel Schutz und Sicherheit suchten. Verwundete fanden auf brennenden und sinkenden Lazarettschiffen den Tod. Zahlreiche Wohnhäuser waren zerstört, die eineinhalb Kilometer lange Mole schwer beschädigt. – Gespensterhaft ragten die Ruinen empor, als in den ersten Maitagen desselben Jahres Verbände der Roten Armee in Saßnitz einrückten. Das unrühmliche und dunkelste Kapitel deutscher Geschichte war auch für Rügen zugeschlagen, ein neues konnte beginnen.

Der Anfang war hart. Mutig aber und entschlossen, eine neue Gesellschaftsordnung aufzubauen, nahmen tapfere Antifaschisten ihre Tätigkeit in Verwaltung, in Betrieben und Einrichtungen auf. Sie standen nicht allein. Ihnen traten Menschen jenes großen sozialistischen Landes zur Seite, dem wir die Befreiung vom Joch der braunen Diktatur verdanken. Sie halfen tatkräftig mit, Trümmer wegzuräumen und die Not zu überwinden.

Bald befuhren Fischer mit notdürftig hergerichteten Booten wieder das Meer und brachten ihre Fänge an Land. Am 1. August 1945 wurde ein Gebäude am Fahrnberg, das die Machthaber des sogenannten Dritten Reiches zu einer »Reichsschulungsburg« ausgebaut hatten, den Saßnitzer Einwohnern als Krankenhaus zur Verfügung gestellt. Mit den entscheidenden wirtschaftlichen Veränderungen, vor allem mit dem Entstehen des Fischkombinats, begann sich der Ort zugleich räumlich auszudehnen. Die Einwohnerzahl verdoppelte sich und erreichte 1983 15 600. Mit Wirkung vom 1. Januar 1957 hatte Saßnitz das Stadtrecht erhalten. Vorher schon waren repräsentative Gebäude, wie die 16klassige Oberschule II und das Seemannsheim »John Schehr«, der Bevölkerung übergeben worden. Am 30. Dezember 1958 öffneten die »Stubnitz-Lichtspiele« als eines der schönsten Filmtheater des Ostseebezirkes ihre Pforten.

Inzwischen sind zahlreiche Einrichtungen, die das Leben der Bewohner angenehmer gestalten, hinzugekommen. Wir nennen hier nur die moderne Kinderkrippe an der Hermann-Bebert-Straße, mehrere polytechnische Oberschulen wie die Wilhelm-Pieck-Oberschule, Waschstützpunkte und eine Großraumverkaufsstelle, die mit ihren acht Abteilungen die Wünsche von etwa 5 000 Menschen im Neubaugebiet Dwasieden zu befriedigen vermag. Doch in der jungen, rasch aufblühenden Industriestadt galt es noch andere kommunale Probleme zu lösen. So mußten das Krankenhaus erweitert, Straßen befestigt und beleuchtet und eine ausreichende Trinkwasserversorgung gewährleistet werden. Die sportbegeisterten Saßnitzer konnten 1963 eine Sporthalle in Besitz nehmen.

Wer heute Saßnitz betritt, das sich, einem »Band« gleich, von den Kreidehöhen auf der einen und dem Meer auf der anderen Seite begrenzt, über Kilometer hinzieht, dem fällt sicher die Pflege der Stadt auf. Die Einwohner fanden sich gerne in ihrer Freizeit in echter Gemeinschaftsarbeit zusammen und schufen Millionenwerte. Überall verspürt man die Liebe und Sorgfalt, mit der Grünanlagen hergerichtet, etwa 20 000 Rosenstöcke gepflanzt, Springbrunnen gebaut und ein Schwanenteich in Nähe des Steinbachs angelegt worden sind. Den Gästen von Saßnitz dienen heute moderne Einrichtungen, wie u. a. das 1969 eröffnete »Rügen-Hotel« und die gleichzeitig geschaffene Großtankstelle am Stadteingang.

Die Entwicklung der nördlichsten Stadt der Deutschen Demokratischen Republik ist indessen nicht abgeschlossen. Schon entstanden im Stadtteil Dwasieden weitere Wohnungen, ein Dienstleistungsgebäude, Schulen, Kindergärten, Gast-, Verkaufs- und Sportstätten. Und durch den 1974 begonnenen Baukomplex »Saßnitz-Lancken«, bei dem 1979 bereits 1 000 Wohnungen fertiggestellt waren, wuchs das neue Saßnitz, in dem seit 1964 ein zehngeschossiges Hochhaus die Silhouette vorteilhaft bereichert, mit dem Jasmunder Dorf Lancken zusammen.

Die vierte und jüngste Inselstadt haben wir in anderen Zusammenhängen schon mehrmals erwähnt. 1960 wurde der 150 Jahre alte Ort Putbus zur Stadt erklärt. Im Vergleich zu Garz, Bergen und Saßnitz hebt sich unter städtebaulichen Gesichtspunkten auch heute noch die ursprüngliche Repräsentationsfunktion der südrügenschen Stadt deutlich ab. Putbus erhielt im 19. Jahrhundert das Gesicht einer kleinen Residenz. Dem Ort lagen Baupläne des Fürsten zugrunde, nach denen Straßen, Alleen, Plätze und Häuser entstanden. Während der ersten Hälfte des vorigen Jahrhunderts gelang es auch,

»Pädagogium« am Circus in Putbus (Mitte 19. Jahrhundert)

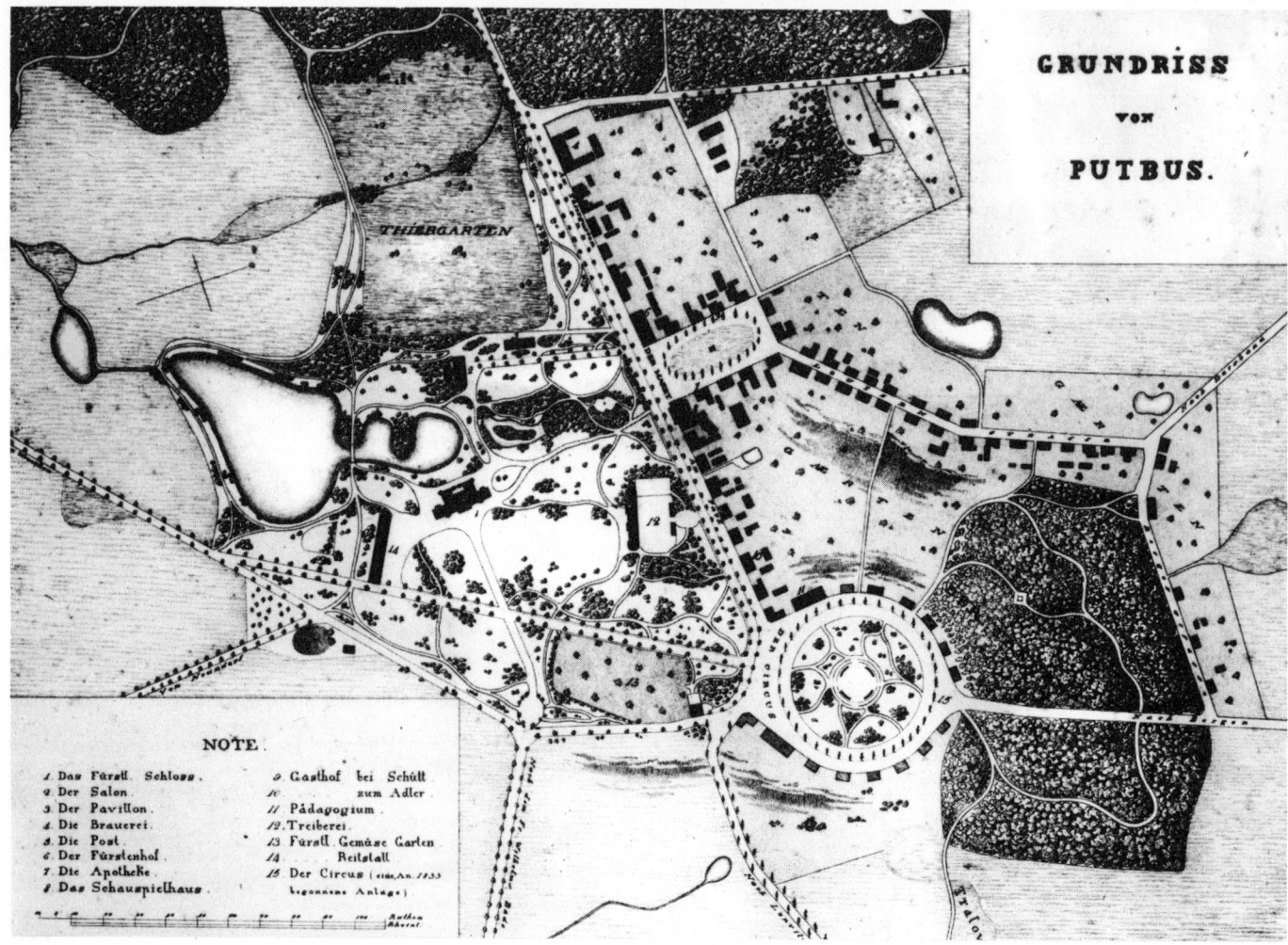

Lageplan von Putbus (19. Jahrhundert)

den Gebäuden in Geschoßhöhe und Fassadengestaltung eine verhältnismäßig einheitliche Form zu geben. Der Residenzcharakter wurde schließlich auch durch die Ansiedler geprägt. Adlige, »Hofbedienstete«, Kaufleute und Handwerker bildeten die Einwohnerschaft von Putbus, das 1835 etwa 800, 1850 nahezu 1 400 und 1890 mehr als 2 000 Einwohner zählte. Mit der Gründung einer höheren Lehranstalt wurden dem Ort auch zentrale Funktionen verliehen. Im Jahre 1836 begann das am »Circus«, dem heutigen Ernst-Thälmann-Platz, erbaute »Königliche« Pädagogium mit 37 Schülern den Unterricht. Erhaltene Schülerlisten gewähren uns einen Einblick in die Sozialstruktur der Zöglinge, die anfangs zu 70 Prozent aus Kreisen der Großgrundbesitzer stammten. Von den 79 Schülern des Jahres 1840 kamen allein 42 aus adligen Familien.

Die Geschichte des Königlichen und – nach der Novemberrevolution von 1918 – des Staatlichen Pädagogiums, dessen Besuch im allgemeinen Kindern »höherer Stände« vorbehalten blieb, fand im Jahre 1940 ihr Ende. Das Institut wurde in eine »Nationalpolitische Erziehungsanstalt« umgewandelt, die – wie es hieß – den »NS-Führernachwuchs« heranbilden sollte. Erst mit der Zerschlagung des Dritten Reiches

Chor und Apsis der Kirche Schaprode

Gotische Dorfkirche Patzig

St. Jürgen in der Kirche zu Wiek

Plastik »Aufbau Gingst« von Peter Jaeger auf dem Marktplatz in Gingst

Barockorgel in Gingst

Geburtshaus Theodor Billroths in Bergen

Neubaugebiet Bergen-Süd, Haus der Dienste   Moto-Cross-Rennen am Rugard bei Bergen

Saßnitz mit Rügenhotel und Seemannsheim

Gedenkstätte für die Opfer des Faschismus in Saßnitz

Ernst-Moritz-Arndt-Museum in Garz

Orangerie im Park zu Putbus

Gaststätte »Jägerhütte« in Putbus

Rügenkeramik aus Juliusruh

Beim Anhenkeln

Bootsbau in Lauterbach

Bootswerft Gager

Im VEB Nerzfarm Bergen

änderten sich die Verhältnisse grundlegend, und mit den Lehrgangsteilnehmern, die ab 1946 in wenigen Monaten zu Neulehrern ausgebildet wurden, zog zugleich ein neuer Geist in die Unterrichts- und Internatsräume des Hauses am Ernst-Thälmann-Platz ein. Die demokratische Schulreform des Jahres 1945 hatte die jahrhundertealten Bildungsprivilegien beseitigt und auch den Kindern der Arbeiter und Bauern den Weg zu sämtlichen Bildungsstätten freigelegt. Es galt für die künftigen Jung- oder Neulehrer seinerzeit freilich, mancherlei Schwierigkeiten zu überwinden. So war zunächst das Institutsgebäude instand zu setzen und einzurichten. Es fehlte noch an vielem, an Lehrbüchern und Unterrichtsmitteln, an Heizmaterial und ausreichender Verpflegung. Doch Dozenten und Studenten einte der Wille, möglichst schnell Fähigkeiten zu vermitteln und zu erlangen, um dem Mangel an jenen Lehrkräften zu begegnen, die die große und schöne Erziehungsaufgabe in der neuen Gesellschaftsordnung erforderte.

Das Institut für Lehrerbildung, das den verpflichtenden Namen des berühmten deutschen Pädagogen Adolf Diesterweg erhielt und 1970 mit dem Vaterländischen Verdienstorden ausgezeichnet wurde, hat inzwischen in Rostock neue Ausbildungs- und Internatsgebäude erhalten und setzt dort seit dem 1. September 1975 seine Arbeit fort.

Von 1946 bis 1975 haben mehr als 4 000 in Putbus ausgebildete Lehrer das Institut verlassen. Viele von ihnen sind in den rügenschen Schulen tätig. Das Bildungswesen der Insel hat sich seit 1945 erheblich gewandelt. Am Ende des zweiten Weltkrieges waren auf Rügen noch 46 einklassige Volksschulen vorhanden. Schon 1953 konnte die letzte Schule dieses rückständigen und unzulänglichen Typs geschlossen werden. Gegenwärtig überzieht ein Netz von 31 zehnklassigen polytechnischen Oberschulen den gesamten Inselkreis. Auch aus den vom Verkehr abgelegenen Orten kommen die Kinder in die hellen und freundlichen Unterrichts- und Aufenthaltsräume. Für sie stehen täglich Omnibusse bereit. Wenn wir hören, daß der Staat jährlich allein über eine Million Mark für diese Fahrtkosten aufwendet, erkennt man wohl deutlich genug jene Fürsorge, die unserer Jugend heute zuteil wird. An zahlreichen Stellen – wie in Venzvitz bei Poseritz, in Sehlen, Rambin und Samtens, in Gager auf Mönchgut, in Trent, Bergen und Saßnitz, in Binz, Sagard, Dranske und Garz, in Putbus, Prora, Gingst und Sellin – sind neue Schulen errichtet worden. In anderen Orten, wie in Dreschvitz, kamen großzügige Veränderungen und Erweiterungen fast einem Schulneubau gleich. Das Bauprogramm der folgenden Jahre berücksichtigt weitere Schulgebäude.

Im polytechnischen Unterricht beschritt man auch auf der Insel mit gutem Erfolg neue Wege. Doch das einheitliche sozialistische Bildungssystem beschränkt sich nicht nur auf die polytechnischen und erweiterten Oberschulen, es schließt auch die Kreisvolkshochschule mit ein, die sich – zusammen mit den Betriebsakademien – außerordentlich günstig entwickelte. Daneben arbeiten ähnliche Lehranstalten, wie die für Handel, für Fischerei und für Landwirtschaft. An den Lehrgängen der Kreislandwirtschaftsschule nehmen jährlich etwa 1 000 Werktätige teil, um sich auf die Meister- oder Facharbeiterprüfung vorzubereiten. 1982 hatten bereits 87,1 Prozent von den in der Landwirtschaft tätigen Inselbewohnern eine Ausbildung abgeschlossen. Unsere Landwirtschaft erfordert nach der sozialistischen Umgestaltung mit dem Einsatz moderner Technik – draußen auf den Feldern und Wiesen und drinnen in den Ställen – viel mehr als früher Fachkräfte mit hohem Können, und die Rügener befleißigten sich, notwendiges Wissen zu erlan-

In der Bergener Molkerei (Camembertproduktion)

gen. Sie erkannten dabei zugleich die Bedeutung der Gemeinschaftsleistung. In enger Zusammenarbeit von volkseigenen Gütern (VEG), landwirtschaftlichen Produktionsgenossenschaften (LPG) und Betrieben der Nahrungsgüterindustrie konnten bereits sehr gute Erfolge erreicht werden. 1982 arbeiteten auf der Insel 12 LPG der Pflanzenproduktion, 23 LPG der Tierproduktion, 5 VEG und 2 gärtnerische Produktionsgenossenschaften (GPG).

Im ländlichen Baugeschehen tritt heute bereits vielerorts das Neue sichtbar in Erscheinung. Ob es die Anlagen der Rinderkombinate von Giesendorf, Sagard, Neklade und von Ummanz oder die Schweinekombinate von Kluis und Rothenkirchen sind – überall dort, wo die Gebäude der volkseigenen Güter und landwirtschaftlichen Produktionsgenossenschaften entstehen, erhalten die rügenschen Siedlungen ein besonderes Gepräge. An einzelnen Stellen führt die Entwicklung zu zentralen Orten.

Gingst, Samtens und Altenkirchen sind dabei vor allem zu nennen. Hier wurden auch in industrieller Bauweise mehrgeschossige Wohnblocks errichtet.

Bei einer Betrachtung der rügenschen Gemeinwesen wollen wir indes nicht jene Betriebe und Einrichtungen außer acht lassen, die das wirtschaftliche Gefüge bereichern. Über den Fischfang und die Fischverarbeitung, über die Kreidegewinnung und das international bedeutsame Verkehrswesen wird noch ausführlicher zu berichten sein. Hier müssen wir jedoch die für die Insel bemerkenswerte Baustoffindustrie mit ihren Standorten in Bergen, Garz und Ketelshagen erwähnen. Den notwendigen Rohstoff, Kies und Ton, liefern nicht nur die Gruben in Nähe des Betonwerkes Garz und der Ziegelei Ketelshagen, die 1982 gründlich rekonstruiert wurde, sondern auch die von Gustow und Zirkow. Den ehemals regen Bootsbau finden wir noch in den kleinen Bau- und Reparaturwerften von Gager auf Mönchgut, von Lauterbach und von Wiek auf Wittow. 1977 richtete der staatliche Kunsthandel in Juliusruh eine Keramikwerkstatt ein, deren Erzeugnisse unter der Bezeichnung »Rügenkeramik« viel Beachtung finden. Das polygrafische Gewerbe schließlich hat seit dem 19. Jahrhundert seinen Sitz in Putbus. Von den neuen technischen und wissenschaftlichen Einrichtungen ist »Rügen-Radio« längst ein bekannter Begriff.

Und nicht zuletzt gehören heute die Einheiten der Nationalen Volksarmee zum Bilde Rügens, die mit ihren Seefahrzeugen den sicheren Schutz der Nordgrenze unserer Republik gewährleisten oder hier ihr Ausbildungsprogramm verwirklichen.

Hinter den beachtlichen Leistungen, die sich während der letzten Jahre in den Städten und Dörfern vollzogen haben, steht der Mensch der Insel. Ihm galt und gilt die besondere Sorge des Arbeiter-und-Bauern-Staates. Für ihn mußten Wohnungen und Schulen gebaut werden. Für ihn entstanden auch in den Dörfern unter anderem Kindergärten, Ambulatorien, Feierabendheime und Büchereien, entstanden Warenhäuser, wie in Zirkow, Gingst, Trent und Altenkirchen.

Bei der weiteren wirtschaftlichen, sozialen und kulturellen Entwicklung richtet sich auch künftig die erhöhte Aufmerksamkeit auf die Bewohner der ländlichen Gemeinden. Von den 41 500 Beschäftigten des Kreises Rügen nehmen nach dem Stand von 1981 die landwirtschaftlichen Berufe, zu denen wir auch die Forst- und Wasserwirtschaft zählen, mit 9 915 den ersten Platz ein. Ihnen folgen die Industrie mit 5 410, das Verkehrswesen mit 2 814, die Bauwirtschaft mit 2 280 und das Erholungswesen mit 2 159 Beschäftigten. Danach bleibt die Landwirtschaft im Wirtschaftsbereich der Insel führend.

Um die Gegenwart, das Neue der Dörfer mit ihren Produktionsgenossenschaften und volkseigenen Gütern besser verstehen und werten zu können, wollen wir noch einmal einen Blick auf die Vergangenheit Rügens werfen.

Auf den Feldern um Gingst

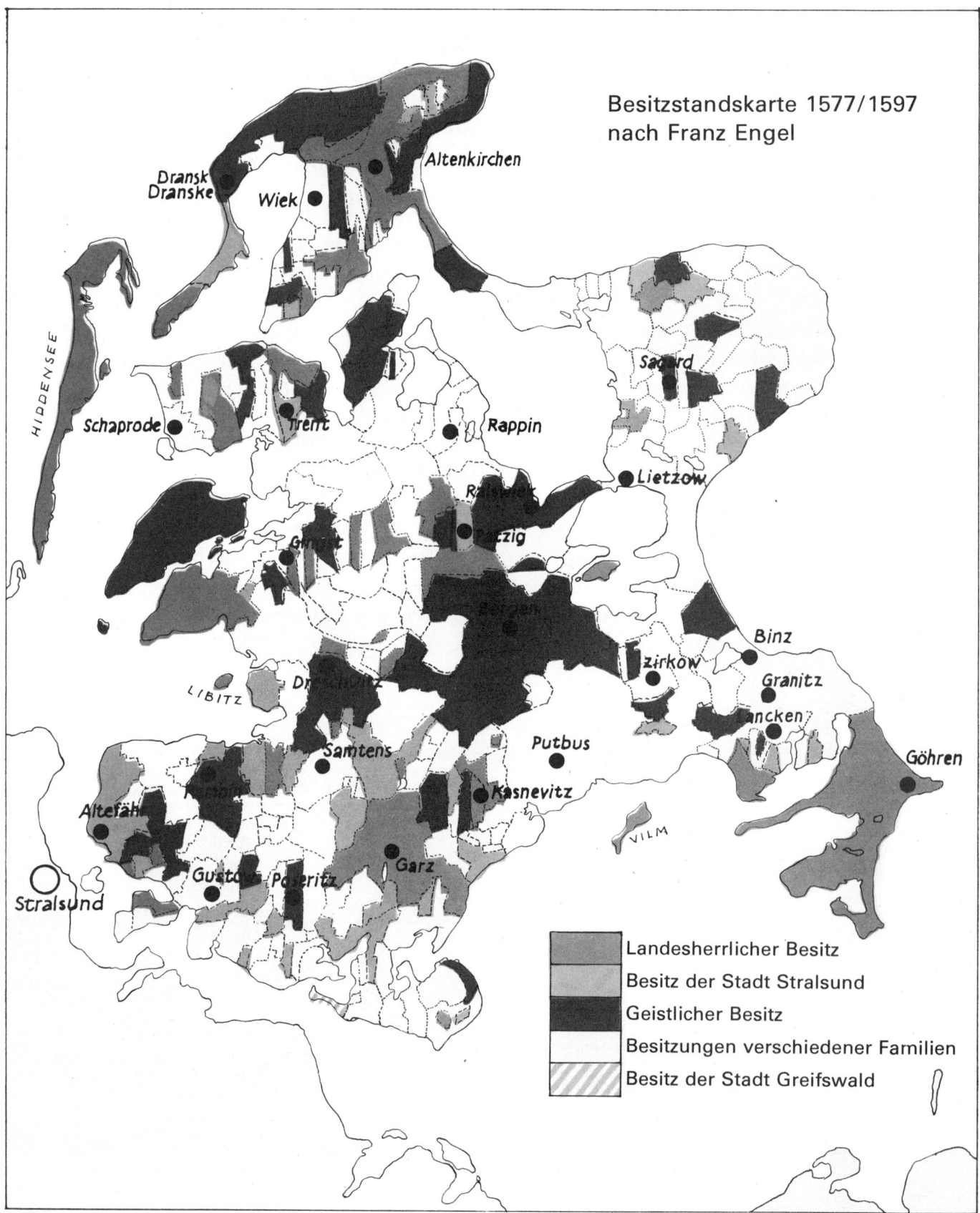

Schlösser und Katen

Chronikalische Berichte, nach denen die Bauern des Mittelalters freie Menschen gewesen wären, sind mit Vorbehalt aufzunehmen. Auch der Wortlaut einer oft zitierten Urkunde Jaromars I. vom Jahre 1209, der bäuerlichen Siedlern viel mehr Rechte zubilligt als Pflichten auferlegt, kann nicht über jene Abhängigkeit hinwegtäuschen, in der sich die meisten Inselbewohner befanden. Gewiß, die Abgaben an Landesherrn und Kirche und die Dienste am »Hofe« bewegten sich während des 13. und 14. Jahrhunderts in Grenzen, die für die Bauern Rügens erträglich schienen.

Dann aber setzte ein Prozeß ein, der zur völligen Entrechtung und Unterdrückung, ja fast zur Vernichtung des Bauerntums führte. Wir können hier den Verlauf der gesellschaftlich und wirtschaftlich bedingten Entwicklung nicht in allen Einzelheiten verfolgen. Feststellen wollen wir jedoch, daß die bauernfeindlichen Vorgänge noch zur Zeit des Mittelalters durch die Verlagerung von Hoheitsrechten erheblich gefördert wurden. Der grundbesitzende Adel wußte die dauernden fürstlichen Finanznöte für seine Interessen weidlich zu nutzen und vermochte mit klingender Münze dem Landesherrn ein Privileg nach dem anderen aus den Händen zu winden. Dabei wirkte sich – wie wir noch sehen werden – die Übertragung der vollen Gerichtsbarkeit auf die sogenannte Ritterschaft für die Freiheit der Bauern besonders folgenschwer aus. Sie gab dem Adel die Möglichkeit, seine »Untertanen« nach Belieben, schlimmer noch: mit Polizeigewalt an die Scholle zu fesseln, zur Aufbringung schwerer Abgaben und Verrichtung von Diensten zu zwingen.

Wenn sich während des 14. und 15. Jahrhunderts in verfassungsrechtlicher Hinsicht die Gutsherrschaften herausbildeten, so gilt es zu bedenken, daß die Größe der Gutshöfe seinerzeit wohl kaum über die der Bauernstellen hinausging. Das sollte sich jedoch bald ändern. Zum Verständnis dessen müssen wir noch einen Blick auf die wirtschaftlichen, genauer: auf die weltwirtschaftlichen Verhältnisse jener Zeit werfen. Auf den europäischen Märkten begannen infolge der großen ökonomischen Wandlungen, die sich vor allem in den Ländern des Westens durch eine frühe industrielle Entwicklung abzeichneten, die Preise für agrarische Produkte stark anzusteigen. Die Landwirtschaft des südlichen Ostseegebietes erlebte mit dem Getreideanbau bei den günstigen Seeverkehrsverbindungen eine Konjunktur, über die Quellen der Hansearchive aufschlußreiche Hinweise geben. Auch die ritterschaftlichen Grundherren Rügens strebten danach, an diesen hohen Handelsgewinnen teilzuhaben. Die Bauern waren verpflichtet, ihnen Abgaben in Form eines Zinses zu entrichten. Das genügte offensichtlich nicht. Nun wurden Wege gesucht und beschritten, um die herrschaftlichen Eigenbetriebe zu vergrößern. Die Ausweitung des Hoflandes erfolgte in der Hauptsache durch ein Dazu-»legen« des Bauernlandes. Dabei wandte man nicht selten barbarische Mittel an – vermehrte die Steuern, steigerte die Frondienste bis zum Unerträglichen und verhängte schwere Strafen. Auf diese Weise kam es allmählich zu jenem Zustand, der jahrhundertelang als Leibeigenschaft andauern sollte. Der Leibeigene war »glebae adscriptus« (= der Scholle verschrieben, an die Scholle gefesselt). Versuchte er sich dem traurigen Los durch die Flucht zu entziehen, konnte er aufgegriffen und auf den Gutshof zurückgetrieben werden. Das Bauernlegen beschränkte sich keineswegs auf den ritterschaftlichen Bereich, sondern griff bereits im 15. Jahrhundert auf die landesherrlichen, geistlichen und städtischen Territorien über. Das trifft auch für die Besitzungen der Stadt Stralsund zu. Die erhaltenen zuverlässigen Quellen können uns insbesondere über die rügenschen Verhältnisse detaillierte Angaben machen. So lesen wir in einer umfangreichen Handschrift des Stadtarchivs Stralsund aus dem Jahre 1614 den Satz: »Es lasset sich auch gleichwohl ansehen, das in unseren Landen die Leibeigenschaft vor hundert oder anderthalb hundert Jahren nicht, und auch zuvor nicht immerzu gewesen, sondern hernach allererst unvermerkt durch macht der gewaltigen so unmeßlich eingeführett worden.« Der Verfasser, Ratsherr Balthasar Prütze, fügte dieser Feststellung aufschlußreiche Einzelheiten hinzu; so erfahren wir, »das ein Baur seinen grundherrn ohne sondere erlaubnus nicht fur gericht zihen, keine ehrenrurige, viel weniger eine peinliche klag wider Ihn anstellen, ... ohne des Herrn willen nicht heiraten, seine kinder in die Stätte (= Städte) ein Handwerk zu lernen ohne erlaubnus nicht schicken ... Sondern dem Herrn als ein Lehnman folgen, ... des Herrn Acker nach aller muglichkeit, auch wol mit verseumnus seines eigenen Ihme plugen (= pflügen), eggen, sayen (= säen), einerndten, dreschen, andere dienste, holtz und baufuhren ohne Zahl verrichten, sich selbst beköstigen, Schlege und Stösse leiden, pferd und gesind darleihen, ...die fruchte nur dem Herrn zufuhren, eyer, hüner, kelber auf ansagen verschaffen, ... wider seinen willen aufstehen und reumen, und dem herrn das wesen (= Anwesen) mit allen besserungen (= Feldern) ...

Revidierte Bauern- und Schäferordnung von 1647

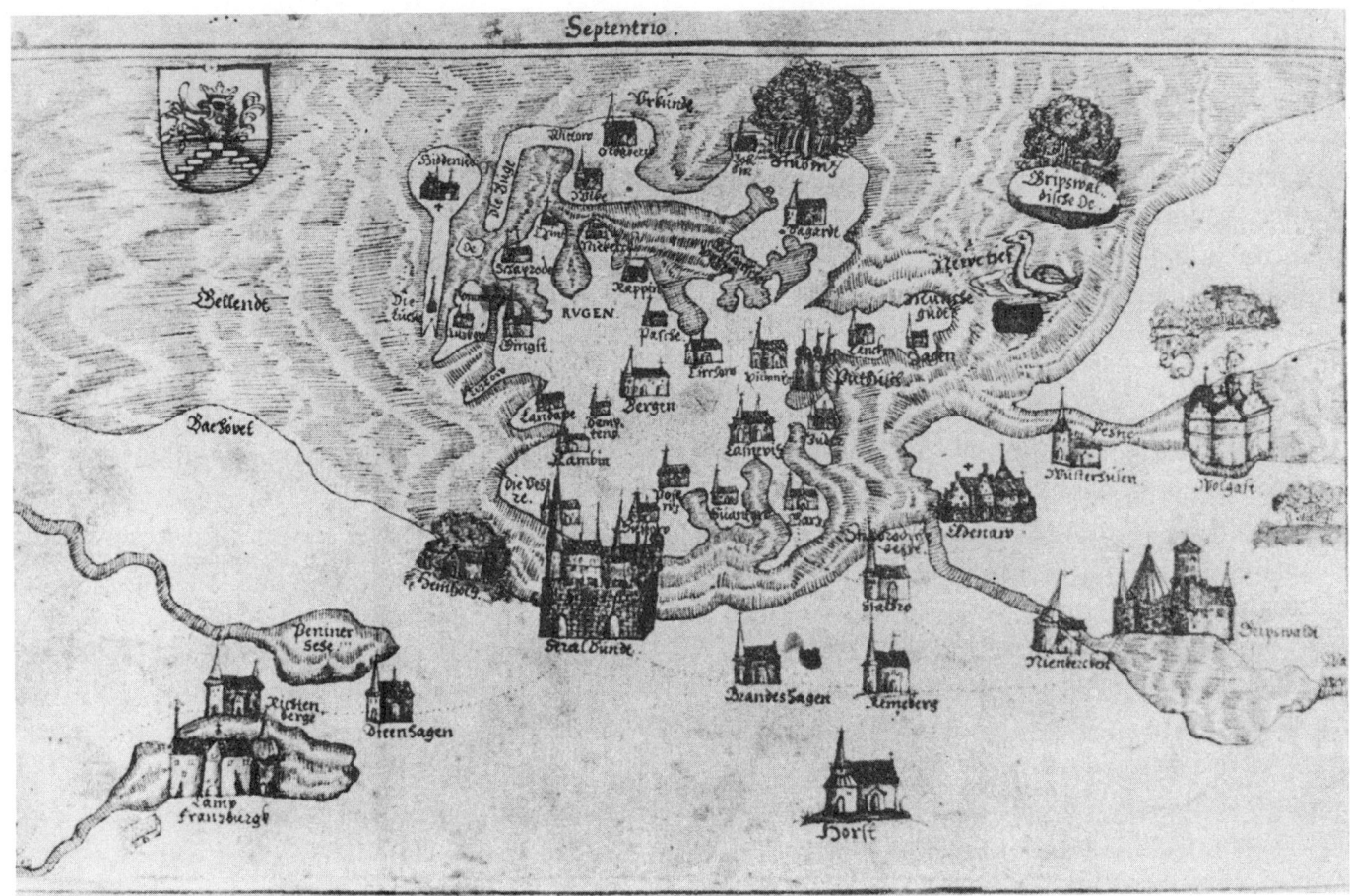

Älteste Karte Rügens (16. Jahrhundert)

überlassen muß.« – Wir wollen bei dieser anschaulichen Charakteristik nicht den Zeitpunkt der Niederschrift übersehen. Es ist erstaunlich, daß die Vorgänge der Bauernentrechtung und -versklavung bereits vor dem großen Krieg dies Stadium erreicht hatten. Doch damit war der Höhepunkt noch nicht überschritten. Im Jahre 1616 erschien die »Baur- und Schäferordnung«. Durch sie und die folgenden »revidierten« Ordnungen fand die Leibeigenschaft für Pommern gesetzliche Anerkennung. Und das, was sich nun, im 17. und mehr noch im 18. Jahrhundert, auf Rügen abspielte, stellt den Bericht des alten Prütze buchstäblich in den Schatten.

Der Dreißigjährige Krieg mit seinen Belagerungen und Plünderungen, mit seinen verheerenden Brandschatzungen und grauenvollen Verwüstungen schuf auch für die Insel chaotische Zustände. Als dann endlich der Kanonendonner verhallt war, die Landsknechte sämtliche Dörfer verlassen und die wenigen verbliebenen Glocken 1648 den Frieden eingeläutet hatten, als die Bauern mit der notdürftigen Instandsetzung ihrer ruinierten Behausungen und der kargen Bestellung ihrer verwahrlosten Felder begannen, da zogen für sie erneut dunkle Gewitterwolken auf.

Auch der grundherrliche Adel Rügens hatte durch den Krieg gelitten, auch seine Gutshöfe waren vielfach zerstört, die Äcker verkommen. In oft rigoroser Weise wurden nun die Untertanen zur Behebung der Schäden herangezogen. Nachdem zahlreiche Bauern ihre Gebäude wieder aufgebaut und die Felder in Ordnung gebracht hatten, besann sich der Junker auf das ihm in der Bauernordnung »verbriefte« Recht. Wenn wir bis zum Beginn des 17. Jahrhunderts eben nur einzelne Höfe zur »Abrundung« des Gutsbesitzes verschwinden sahen, erfolgte jetzt ein Legen großen Stils. Ganze Dörfer wurden zur Ausweitung der Gutsländereien beseitigt und bis auf seltene Ausnahmen die wehrlosen Bauern zu hörigen Tagelöhnern degradiert.

Dieser Vorgang setzte in seiner ganzen Schärfe erst gegen Ende des 18. Jahrhunderts ein und dauerte auch noch im folgenden Jahrhundert unvermindert an. Hören wir dazu die Äußerungen eines Zeitgenossen und Augenzeugen, nämlich jenes Mannes, über den es noch zu sprechen gilt: Ernst Moritz Arndt. »So wurde denn ein schönes Dorf nach dem anderen geschleift, und statt der Bauernwohnungen wurden Katen für Einlieger und Knechte gebaut. Vor 35 Jahren (= um 1780) hatte fast jedes Gut auf Rügen noch ein Bauerndorf neben sich; jetzt kann man leider die wenigen adligen Höfe leicht überzählen, welche noch Bauern haben.« Wenn wir erfahren, daß von 1780 bis 1880 insgesamt 144 totale Ortswüstungen zu verzeichnen sind, so bedeutet dies, daß 144 Inseldörfer von der Bildfläche verschwanden. Diese Statistik gibt in erschreckender Deutlichkeit Auskunft über eine Handlungsweise, die wir als unmenschlich bezeichnen müssen. In der »Schwedischpommerschen Staatskunde« (veröffentlicht 1786 bis 1788) ist nachzulesen: »Die leibeigenen Untertanen sind gleich dem Grund und Boden, den sie bewohnen, ein völliges Eigentum ihrer Grundherrschaft und werden deshalb als ein in den Gütern steckendes Kapital angesehen, das den Eigentümern wider ihren Willen nicht genommen werden kann ... Die Erbherren können ihre Leibeigenen vertauschen, verpfänden, aus einem Hof in den anderen, aus einem Dorf in das andere versetzen, auch die Höfe, Äcker und Wiesen ihnen nehmen und zu Ackerwerken machen.« Diese nicht minder erschreckenden Formulierungen blieben keineswegs bloße Deklarationen. Hinter ihnen stand die harte Wirklichkeit bitterer Tatsachen. Nehmen wir das Quellenmaterial des Stralsunder Archivs zur Hand, so erfahren wir, wie im Jahre 1641 die zu Renz wohnenden und in Jabelitz dienenden Klosterbauern gegen andere, dem Herrn von Platen zu Dornhof gehörige, ausgetauscht und die Untertanen – »sowohl beweibte als unbeweibte, Dröscher und Knechte, wie auch Mägde und Jungens« – nach Scharpitz, Barnkevitz, nach Bobbin und Gager, nach Klementelvitz und Strachtitz vermietet worden sind und wie 1775 bis 1779 die Verhandlungen mit der Stadt Greifswald über den Verkauf von Bauern verliefen.

Tausch, Vermietung, Versetzung und Verkauf von Menschen – das also waren die grundherrlichen Praktiken, die wir mit vielen Beispielen belegen können. Ernst Moritz Arndt hatte leider allzusehr recht, wenn er meinte, daß die Leibeigenschaft auf Rügen mehr noch als auf dem Festlande ausgeprägt gewesen sei und »die Leibeigenen wie wahre Inventariumsstücke, wie res immobiles, die zum Gute gehören, bei dem Kauf und Verkauf desselben gerechnet, gezählt, taxiert, und nach Jahren und Kennung, wie Ochsen und Pferde aufgezeichnet« worden sind.

Die traurigen Zustände der Leibeigenschaft ergriffen nahezu sämtliche Bereiche des persönlichen Lebens. Auch in Fragen der Eheschließung waren die Untertanen von dem »Wohlwollen« ihres Herrn abhängig. Nach seiner Laune und seinem Eigensinn konnte die von den jungen Menschen erstrebte Verbindung verzögert oder verhindert werden. Das traf auch für die städtischen Güter zu. Ein Blick in

Schloß Spycker

Schloß Ralswiek

194

Friedrich Preller d. Ä.: Katen auf Rügen (19. Jh.)   Alter Rauchkaten in Groß Zicker, sogen. Zuckerhut

Geburtshaus Ernst Moritz Arndts in Groß Schoritz

Rohrdachdecker bei der Arbeit

Einzelgehöfte Westrügens   LPG Buschvitz

Auf den Feldern der Insel	Wiesen Westrügens

Windrose bei Lobbe

die aus dem 18. Jahrhundert sehr zahlreich überlieferten »Heiratskonsense« offenbart uns die ganze Tragik jener Verhältnisse. Immer wieder versuchten freilich die geknechteten Menschen »auszubrechen« – in der Annahme, durch die Flucht aus dem Bezirk des Grundherrn die Erfüllung ihrer Wünsche zu finden. Dies sollte sich leider oft als ein Irrtum erweisen.

Als im Jahre 1792 die leibeigene Catharina Dorothea Völschen den Besitz des Stralsunder Heilgeistklosters verließ, zu ihrem Vater in Loitz flüchtete und dort die Ehe mit dem Untertanen eines festländischen Gutsbesitzers einging, wurde alles aufgeboten, um die »Entflohene« aufzuspüren. Das gelang auch. Unter Polizeiaufsicht erfolgte die Überführung in die »Custodie«, und die Herren Provisoren legten offensichtlich Wert darauf, im Vernehmungsprotokoll wörtlich festgehalten zu sehen: »Das Provisorat hat hierauf der Catharina Völschen zu erkennen gegeben, wie sie nach allen vorkommenden Umständen Ruthenstrafe verdient hätte, daß man jedoch aus verschiedenen Bewegursachen und besonders in Hinsicht auf das Kind, das sie an der Brust hätte, sie für diesmal mit körperlicher Strafe verschonen wolle, indessen sey sie schuldig, die dem Kloster verursachten Unkosten zu vergüten.« – Dramatisch verlief das weitere Schicksal dieser gequälten jungen Frau. Bei Nacht und Nebel gelang die zweite Flucht, diesmal aus dem Gefängnis. Unmittelbar darauf erschien in der »Stralsundischen Zeitung« vom 15. August 1792 folgender Steckbrief: »Als Catharina Dorothea Völschen, eine Unterthänin des Klosters zum heiligen Geist, nachdem sie sich vor einiger Zeit ohne Vorwissen der Herrschaft mit dem Jäger Runge verheyrathet hatte, in der Nacht vom 10ten auf den 11ten dieses Monats mit ihren beyden Kindern, einem unehelichen Sohne von etwa 8 Jahren und einer halbjährigen mit dem Jäger Runge erzeugten Tochter heimlich entwichen ist: so werden alle Herrschaften und Obrigkeiten geziemend hiedurch ersuchet, die genannte vorflüchtige Unterthänin, wenn sie sich unter ihrer Gerichtsbarkeit betreten lassen sollte, zur gefänglichen Haft bringen zu lassen und uns davon Nachricht zu ertheilen, da wir denn zu ihrer Abholung sogleich die Anstalt vorzukehren werden. – Erwähnte Völschen verheyrathete Rungen ist etwa 30 Jahre alt, von mittlerer Leibeslänge, blonden Haaren und länglichen Gesichtszügen; gewöhnlich trug sie ein bunt katunen Futterhemd und eine gestreifte leinene Schürze. – Verordnete Provisores und Administratores des Klosters zum heiligen Geist.«

Die Quellen geben uns in erschütternder Weise Auskunft über »Züchtigungen«, die entflohene Leibeigene nach gewaltsamer Rückführung zu erdulden hatten. Dabei diente die Peitsche als gängiges Strafmittel. Doch man ersann Schlimmeres. Johann Jacob Grümbke wußte zu berichten, daß auf der Insel auch die »Gantenstrafe« üblich gewesen sei. Das heißt: »Der Ungehorsame mußte nemlich seinen Hals durch die in einer bretternen Wand befindliche runde Oefnung stecken, die dann so verschlossen ward, daß er sich nicht rühren konnte, und in dieser Maschine, welche der Ganten (Gänserich) hieß, stand er mit gekrümmten Rücken eine Stunde, auch wohl länger.«

Wie lange noch sollte das strenge und oft brutale Regiment der Grundherren andauern, wie lange noch der Leibeigene bis an die Grenze seiner körperlichen Leistungsfähigkeit schonungslos ausgenutzt werden, der rügensche Bauer als Ausbeutungsobjekt des Junkers dienen?

Im Jahre 1775 beschweren sich Untertanen von Jarkvitz über die völlig unzureichende Verpflegung und legten die Arbeit nieder. »Aufstand und Widersätzlichkeit der Dienstleute« schrieb der Kanzlist auf die betreffende Akte. Noch gelang es, die Leibeigenen zur »Räson« zu bringen; nach dem Grad der »Aufsässigkeit« erhielten die Hungernden ihre Strafe in Gestalt von zwölf, zehn oder sechs Hieben.

Doch die Zeit war nicht mehr fern, da in einem westeuropäischen Staat Bürger zu den Waffen griffen, um sich von dem Joch der Gewaltherrschaft zu befreien. Und als die Funken der Französischen Revolution auf weite Teile Deutschlands übersprangen, begann es auch in rügenschen Dörfern zu wetterleuchten. Ernst Moritz Arndt stellte fest, daß »sich in der neuesten Zeit auch unter dem gemeinen Volk manche Begriffe entwickelten, von denen die Väter nichts geahndet hatten. Die Bauern gingen nicht mehr so gutwillig, als wenn es so seyn müßte, aus ihren Höfen, sie fühlten, ihnen geschehe Unrecht.«

Man konnte das Recht der wehrlosen Landbewohner nicht mehr fortwährend vergewaltigen, nicht mehr andauernd die »Untertanen wie das Vieh traktiren«. Das erfuhr im Jahre 1797 auch Hauptmann von der Lancken auf Boldevitz, als er kurzerhand sämtliche Bauern der Dörfer Mönkvitz und Neuendorf legen, drakonische wirtschaftliche Maßnahmen zu Lasten der Leibeigenen verhängen und schließlich einen Knecht auspeitschen ließ. Die unterdrückten Tagelöhner standen geschlossen auf und drohten, der Gutsherrschaft dasselbe Schicksal zu bereiten, wie es dem Adel Frankreichs widerfahren sei. Schwedisches Militär, schleunigst aus Stralsund herbeigerufen, hatte den »Aufruhr« zu ersticken, hatte »Ruhe und Ordnung« zu schaffen und die »Anstifter« mit Gefängnis, durch Stockhiebe, öffentliches Auspeitschen und Landesverweisung zu bestrafen.

Nun mehrten sich auch in Kreisen des liberal gesinnten Bürgertums Stimmen, die diese unhaltbaren Zustände schonungslos anprangerten. Im Jahre 1784 hatte der Kammerrat Johann David von Reichenbach den ersten Teil der »Patriotischen Beyträge zur Kenntniß und Aufnahme des Schwedischen Pommern« in Stralsund erscheinen lassen. Seine scharfe Kritik richtete sich zunächst an die Adresse der schwedischen Regierung, die – so meinte er – über die wirtschaftlichen und sozialen Verhältnisse des Landes viel zuwenig unterrichtet sei. Die Leibeigenschaft war für ihn »ein barbarisches Institut, das mit keiner Konvention sich beschönigen läßt, das dem empfindenden, wohldenkenden Bürger Schauer erregt, das gegen die Würde der Menschheit ist, ihr alle sowohl physische als moralische Kraft raubt, da doch das ursprüngliche Vorrecht aller Menschen Freiheit und Gleichheit ist«. Und um die Jahrhundertwende trat mit dem Stralsunder Holzhändler Johann Martin Gemeinhardt ein Mann auf den Plan, der sich nicht nur für die soziale Gerechtigkeit der unterdrückten Stadtbevölkerung einsetzte, sondern in seinen Schriften auch die skrupellose Drangsalierung der Leibeigenen auf den städtischen Gütern geißelte und forderte, daß man diese Menschen von ihren »Sklavenketten erlösen und sie als freie Menschen nützlich werden lassen solle«.

Das größte Aufsehen erregte zweifellos ein 1803 in Berlin veröffentlichtes Werk. Es trug den Titel »Versuch einer Geschichte der Leibeigenschaft in Pommern und Rügen« und stammte aus der Feder des Greifswalder Universitätsdozenten Ernst Moritz Arndt. Der Autor kannte den Gegenstand seiner Darstellung aus eigener Anschauung und fand Worte, die gleichsam mit wuchtigen Schlägen »schlimme Dinge offenbarten« und die Verhältnisse seines Heimatlandes schilderten, »wo der Mensch an den Boden gefesselt ist« und »die Bauern und andere auf dem Gute wohnenden unterthänigen Leute nicht mit Geldstrafen belegt werden dürfen, sondern es meistens auf ihren Rücken losgeht«.

Diese Sprache war nicht mehr zu überhören. Sie erreichte vorab jene Kreise, die es am meisten anging. Und der grundbesitzende rügensche und pommersche Adel zögerte nicht, einen Sturm der Entrüstung zu entfachen und seine Beschwerden den höchsten Gerichtsinstanzen und dem schwedischen König in Stockholm vorzubringen. Aber vergeblich! Der Geschichtsdozent hatte seine Anklage – denn darum handelte es sich bei diesem Buch – durch eine Fülle von Tatsachen zu begründen verstanden und überzeugte.

Ernst Moritz Arndt ist am 26. Dezember 1769 als Sohn eines im selben Jahre aus der Leibeigenschaft »Freigelassenen« auf dem Südteil der Insel, in Schoritz, geboren worden. »Aus dem niedrigsten Menschengesträuch«, also, »das ganz tief unten an der Erde stand« – wie es Ernst Moritz in den »Erinnerungen aus dem äußeren Leben« aufzeichnete –, kam der große deutsche Patriot. In den rügenschen Dörfern Schoritz, Dumsevitz, Grabitz und Breesen verlebte er seine Kindheit, in Stralsund besuchte er das Gymnasium, in Greifswald und Jena die Universität. Im Jahre 1800 begann er an der Greifswalder Alma mater seine Lehrtätigkeit auf dem Gebiet der Geschichte und der Sprachen. Weite Reisen führten ihn durch Deutschland, Ungarn, Italien und Schweden. 1806 wurde er zum Professor an der Philosophischen Fakultät der Universität Greifswald ernannt. Vorher schon war der erste Teil des »Geistes der Zeit« – ein Buch, in dem Napoleon heftig angegriffen wurde – herausgekommen. Der zweite Teil dieses Werkes erschien 1808 in Stockholm. Arndt wurde wegen des offenen Eintretens für die Freiheit Deutschlands seine Greifswalder Professur entzogen. 1809 lebte er illegal in Berlin. 1812 sehen wir ihn in Moskau und Petersburg. Nach der Bekanntschaft mit Blücher, Scharnhorst und Gneisenau entstanden in der Zeit der persönlichen Begegnung

Ernst Moritz Arndt

mit dem Freiherrn vom Stein die aufrüttelnden Flugschriften »Glocke der Stunde« und »Kurzer Katechismus für teutsche Soldaten«. In rastloser Tätigkeit wirkte er für die Freiheitsbewegung und Volkserhebung.

Und der Dank für seine Leistungen? – Arndt wurde als »Demagoge« verleumdet, verfolgt, auf die unwürdigste Weise verhört und schließlich 1820 von dem Lehramt, das er zwei Jahre zuvor an der neu begründeten Universität Bonn übernommen hatte, suspendiert. Am 29. Januar 1860 schloß der große Sohn Rügens seine Augen für immer.

Aber wenden wir unsere Betrachtung wieder der Insel und ihren früheren Verhältnissen zu. Von den 21 254 im Jahre 1783 in den rügenschen Dörfern lebenden Bewohnern waren nur 6 226 frei, 15 028 dagegen leibeigen. Die Auswirkungen der Bauernversklavung waren katastrophal, und von Reichenbachs Urteil – ausgesprochen 1784: »Das Land ist ungeachtet seiner Naturvorzüge nichts weniger als blühend, es ist arm an Geld, Menschen und heilsamen Einrichtungen« – behielt leider noch lange Gültigkeit.

Johann Friedrich Zöllner bemerkte 1795 nach seinem Besuch von Gingst, daß »ein höchst wohltätiger Einfluß auf den Wohlstand des Örtchens« festzustellen gewesen sei und »daß die Menschen froher, tätiger und physisch und sittlich besser geworden sind«. Er läßt uns auch über die Ursache nicht im Zweifel. 1774 hatte nämlich Präpositus Picht, Pastor in Gingst, von der schwedischen Regierung die Genehmigung erwirkt, im Bereich der Pfarrbesitzungen die Leibeigenschaft zu beseitigen.

Erst im Jahre 1806 hob Schweden durch eine Königliche Verordnung »für alle deutschen Gebiete der schwedischen Krone« die Leibeigenschaft auf. Wenn man indessen annehmen wollte, daß infolge dieses zweifellos gut gemeinten »Patents« die Landbewohner mit einem Schlage freie Menschen geworden wären, so hieße dies freilich, die Sachlage völlig zu verkennen. Immer noch vermochte die Ritterschaft ihren reaktionären Einfluß geltend zu machen, vermochten Junker die Bauern zu legen und sie zu Frondiensten zu zwingen.

Werfen wir einen Blick auf das ländliche Siedlungsbild, stellen wir fest, daß noch im 19. Jahrhundert vielerorts Bauernhöfe in kleine unansehnliche Katen für »Einlieger«, d. h. für landlose Tagelöhner und Knechte, umgewandelt wurden. Daneben standen kontrastreich die Herrenhäuser der Gutsbesitzer und -pächter. Etwa 77 Prozent der landwirtschaftlichen Gesamtfläche befanden sich 1895 in Händen der Großagrarier, 1937 waren es immer noch 73,2 Prozent. Die Inselbesitzungen des Fürstenhauses Putbus umschlossen dabei allein ein Areal von 15 826 ha.

In 193 rügenschen Großbetrieben arbeiteten Tausende von Tagelöhnern unter oft schwierigen Bedingungen in ärmlichsten Verhältnissen. Ertragssteigerungen, die infolge wirtschaftlicher Intensivierung seit Ende des vorigen Jahrhunderts nun auch auf der Insel zu beobachten waren, kamen den landlosen Katenleuten kaum oder gar nicht zugute. Die sozialen Gegensätze von arm und reich verschärften sich mehr und mehr.

Um die letzte Jahrhundertwende begannen die Landarbeiter jedoch, sich ihrer Kraft mehr als bisher bewußt zu werden. Sie fingen an, sich zu organisieren und im Bündnis mit dem Proletariat der Städte gegen die Ausbeutung und für eine Verbesserung ihrer Lebenslage zu kämpfen.

1905 bestanden nicht nur in der Inselkreisstadt Bergen, sondern auch in Sagard und Sehlen Ortsgruppen der Sozialdemokratischen Partei. 1906 schlossen sich die Arbeiter von Garz, 1907 die Landarbeiter von Dreschvitz und Wiek in Ortsgruppen zusammen. Ihnen folgten 1910 die Putbusser. Die Orte Sehlen, Sagard und Dreschvitz blieben bis weit über den ersten Weltkrieg hinaus Zentren der rügenschen Arbeiter- und Landarbeiterbewegung. – Angesichts dieser Entwicklung taten die Gutsbesitzer alles, um die revolutionäre Bewegung zu hemmen. Sie ließen die Polizei aufbieten, versuchten den Eintritt der Gutstagelöhner in die Arbeiterpartei zu verhindern, die Verteilung von Flugblättern und Zeitungen zu stören und anderes mehr.

Doch die Arbeiter gingen unbeirrbar ihren Weg. Als man ihnen die Lokale für Kundgebungen verbot, versammelten sie sich in Wohnungen, wie 1909 bei dem Maurer Robert Genz in Sehlen, oder – in Gingst, Dreschvitz, Garz, Sellin, Binz, Woorke, Altefähr – unter freiem Himmel auf Ackerflächen, in Kiesgruben, in der Nähe von Spritzenhäusern und auf Turnplätzen. Auch das bereitete die größten Schwie-

Alte Mönchguter Bauerngehöfte

rigkeiten. In einem Schreiben an das »Königliche« Landratsamt Bergen vom 20. Oktober 1911 lesen wir, »dass in einem Jahre uns auf Rügen allein 15 öffentliche Versammlungen unter freiem Himmel verboten wurden und es mit Bestimmtheit anzunehmen ist, dass es wohl keinen Kreis gibt, in dem von den ‚Herren Amtsvorstehern so systematisch uns Versammlungen verboten werden«.

Die Landarbeiter standen in ihrem Kampf nicht allein. Ihnen traten Genossen der Industrie- und Baubetriebe, Arbeiter aus der Stadt und den größeren Inseldörfern zur Seite.

Die Entwicklung der Sozialdemokratischen Partei verlief auf Rügen leider wie in ganz Deutschland. Es gelang jenen rechten Kräften, die die »Burgfriedenspolitik« des zentralen Parteivorstandes unterstützten, immer stärkeren Einfluß zu gewinnen. Damit wurde zugleich auch die Sache der Landarbeiter verraten.

Während der Novemberrevolution des Jahres 1918 kam es an mehreren Stellen des Inselkreises zur Konstituierung von Arbeiter-, Bauern- und Soldatenräten – so in Bergen und Saßnitz, in Wiek und auf der Halbinsel Bug, wo revolutionäre Matrosen die rote Fahne hißten und von dort aus die Wittower Fähre besetzten. Den Aktionen, die im Interesse der notleidenden Bevölkerung zur Beschlagnahme von auf Gutshöfen gehorteten Lebensmittelbeständen, zur Kontrolle der Kreisverwaltung und zur Amtsentsetzung und Verhaftung des konterrevolutionären Landrats von Maltzan führten, war indes kein andauernder Erfolg beschieden. Die Großgrundbesitzer vermochten dagegen ihre Machtpositionen zu halten und auszubauen.

Doch die Arbeiter und Landarbeiter zogen aus den Ereignissen der Novemberrevolution ihre Lehren und schlossen sich in der Kommunistischen Partei Deutschlands zusammen. Schon im Frühjahr 1919 hatte Barnim Wilhelmi als einer der ersten Abgeordneten aller pommerschen Kreise einen Sitz der KPD im rügenschen Kreistag inne. Er war es auch, der die erste Ortsgruppe der KPD Rügens in Muglitz bei Putbus begründete, die bald darauf 150 Mitglieder zählte. Im Jahre 1920 entstanden auch in anderen Inselorten Gruppen der KPD. Die Kommunisten Rügens reihten sich sogleich in die Gemeinschaft derer ein, die konsequent um die Befreiung von Unterdrückung und Ausbeutung, um die Beseitigung des sozialen Elends und für ein Deutschland ohne Gewaltherrschaft und Krieg kämpften. Vorher schon lag für Rügen ein Ereignis, das viel Beachtung verdient. Am 12. April 1917 fuhr Wladimir Iljitsch Lenin, aus der Schweiz kommend, über die Insel nach Schweden und von dort zur Vorbereitung und Durchführung der Großen Sozialistischen Oktoberrevolution nach Rußland. Die Bevölkerung hat ihm zu Ehren anläßlich seines 100. Geburtstages im April 1970 in Saßnitz ein Denkmal und 1977 eine Gedenkstätte errichtet. – Doch verfolgen wir die Geschichte der rügenschen Arbeiterbewegung weiter.

Durch das bewährte Kampfmittel des Streiks vermochten die Arbeiter wiederholt ihre berechtigten Forderungen nach Lohnerhöhung und Verkürzung des Arbeitstages durchzusetzen – wie im Juli 1921, als auf 12 rügenschen Gütern die Arbeit ruhte.

Immer wieder reichten die Kommunisten den Sozialdemokraten die Hand zum gemeinsamen Vorgehen. In den Tagen des Kapp-Putsches 1920 sowie bei Aktionen gegen die Fürstenabfindung 1926 und mehr noch gegen die drohende faschistische Gefahr 1932 konnten in dieser Gemeinsamkeit – auch in Zusammenarbeit mit den Gewerkschaften – beachtliche Erfolge erreicht werden. Die Zeit der nationalsozialistischen Herrschaft bedeutete keineswegs einen Abbruch des Kampfes, er fand vielmehr in mannigfachen illegalen Formen seine Fortsetzung. Bald nach der Machtergreifung Hitlers bildeten sich Widerstandsgruppen – wie in Altenkirchen, Bergen und Garz, deren Mitglieder Flugblätter verteilten, Meldungen des Moskauer Rundfunks verbreiteten und Angehörige von eingekerkerten Arbeitern mit Geld und Lebensmitteln versorgten. Dabei ist besonders der Altenkirchener Gruppe unter Leitung des Genossen Ewald Otto zu gedenken. Auch nicht die brutalsten Maßnahmen des braunen Terrorregimes, weder Denunzierungen und Mißhandlungen noch Gefängnis und Konzentrationslager, vermochten den Mut der tapferen rügenschen Antifaschisten zu brechen. Noch während der letzten Stunden der Willkürherrschaft des »Dritten Reiches« opferten der Zollangestellte Paul Möller, der Arbeiter Hermann Bebert und der Kaufmann Hans Baale aus Saßnitz, der Maurer Emil Clemens aus Bergen und der Seiler Willi Sponholz aus Garz in beispielhaftem Einsatz ihr Leben.

Mit der Zerschlagung des faschistischen Staates war im Jahre 1945 auch die Macht der rügenschen Großgrundbesitzer gebrochen. Auf den Inseldörfern begann sich das Neue zu entfalten. Am Anfang dieser neuen Entwicklung galt es freilich, große Schwierigkeiten zu überwinden. Die Frühjahrsbestellung war abzuschließen, die erste Nachkriegsernte einzubringen. Dazu fehlte es an ausreichenden Arbeitskräften, es fehlten brauchbare Maschinen und Geräte. Die Energieversorgung war durch die sinnlose Sprengung des Rügendamms während der letzten Kriegstage unterbrochen worden. Doch die einheimischen Landarbeiter und Bauern packten zusammen mit vielen Umsiedlern, denen Rügen fortan Heimat sein sollte, tatkräftig zu und meisterten die Aufgaben.

Am 5. September 1945 erließ die Landesverwaltung Mecklenburg-Vorpommern das Gesetz über die Durchführung der demokratischen Bodenreform. Eine Woche später arbeiteten bereits in 34 Inselgemeinden Bodenkommissionen und bereiteten die Aufteilung der großen Gutsländereien und -waldungen mit einem Umfang von insgesamt 61 958 ha vor. Dabei konnten 5 398 Neubauernstellen und mehrere volkseigene Güter geschaffen werden. Mit den landarmen Bauern erhielten 7 542 Bewerber Land.

In diese gewaltige wirtschaftliche und soziale Umgestaltung griffen auch viele Arbeiter der Stadt helfend ein. Die Vergangenheit hatte den Kommunisten und Sozialdemokraten der Insel zur Genüge die Notwendigkeit des engen Bündnisses aller Werktätigen und damit die Notwendigkeit einer kampfstarken Arbeiterpartei bewiesen, deshalb schlossen sie sich am 31. März 1946 zur Sozialistischen Einheitspartei Deutschlands zusammen, die auch in den

Dörfern sogleich die führende Rolle beim Aufbau einer neuen Gesellschaftsordnung übernahm. 1952 entstanden die ersten landwirtschaftlichen Produktionsgenossenschaften. Damit wurde ein Weg beschritten, der 1960 durch die Vereinigung aller Bauern in Genossenschaften seinen Abschluß fand.

Wir erwähnten es bereits: In der landwirtschaftlichen Produktion vollzieht sich gegenwärtig ein Prozeß der Spezialisierung. Arbeitserleichterung und Ertragssteigerung sind das Ergebnis dieser Bemühung. Schon seit Jahren zeichnen sich auf dem Bereich der 64 630 ha großen landwirtschaftlichen Nutzfläche Rügens besondere Anbau- und Nutzungsarten ab. So werden die Insel Ummanz und die Halbinsel Mönchgut mit ihren umfangreichen Grünlandflächen als Viehzuchtgebiete genutzt. Südwestrügen ist hingegen das Vermehrungsgebiet von Kartoffeln, von Rotklee und Leguminosen. Das Volkseigene Gut (VEG) Gingst wurde als anerkannter Saatzuchtbetrieb ausgewiesen. Im VEG Boldevitz konnten außerdem beachtenswerte Erfolge im Obstbau und im VEG Arkona im Feldgemüseanbau erreicht werden.

Außerdem arbeiten einzelne neu geschaffene Spezialbetriebe bereits mit bestem Erfolg, von denen wir an dieser Stelle lediglich den VEB Nerzproduktion und das Agrochemische Zentrum Samtens-Bergen, dem auch Flugzeuge für die Schädlingsbekämpfung und zum Düngerstreuen zur Verfügung stehen, nennen wollen.

Die Milcherzeugung und die Gewinnung von Schweinefleisch dürften jedoch den Schwerpunkt der rügenschen Landwirtschaft bilden. Und wenn wir erfahren, daß in den neu geschaffenen Schweinemastanlagen von Rothenkirchen 10 000 Schlachttiere und in den Milchviehanlagen von Neklade 1000 und von Sagard 2000 Kühe gehalten werden und in dem sogenannten »Reproduktionszentrum Rinder« von Ummanz mehr als 1500 Kälber und etwa 5000 Jungrinder Platz finden, dann sind auf der Insel bereits entscheidende Wege beim Übergang zur industriellen Produktion in der Landwirtschaft beschritten worden.

Das Gesicht der rügenschen Dörfer hat sich – wie wir sahen – während der letzten Jahre ganz erheblich gewandelt. Wenn 1945 noch 47 Prozent aller Gebäude ohne elektrischen Strom waren, so gehören heute die Petroleumlampen der Vergangenheit an. Die trostlosen Katen der ehemaligen Gutstagelöhner verschwinden zusehends aus dem Blickfeld, und die Schlösser der früheren »Herren« dienen heute guten Zwecken. In ihnen finden wir Kulturräume für alle Dorfbewohner, Kindergärten oder Feierabendheime – wie in Ralswiek, in denen unsere Alten sorgenfrei ihren Lebensabend verbringen.

Am Schloß Spycker in Nähe des Jasmunder Boddens begannen 1965 die Restaurierungs- und Ausbauarbeiten zu einem schönen Ferienheim, das am 1. Mai 1968 seine Pforten öffnen konnte.

Schloß Spycker.
Stuckornamentik – »Sommer«

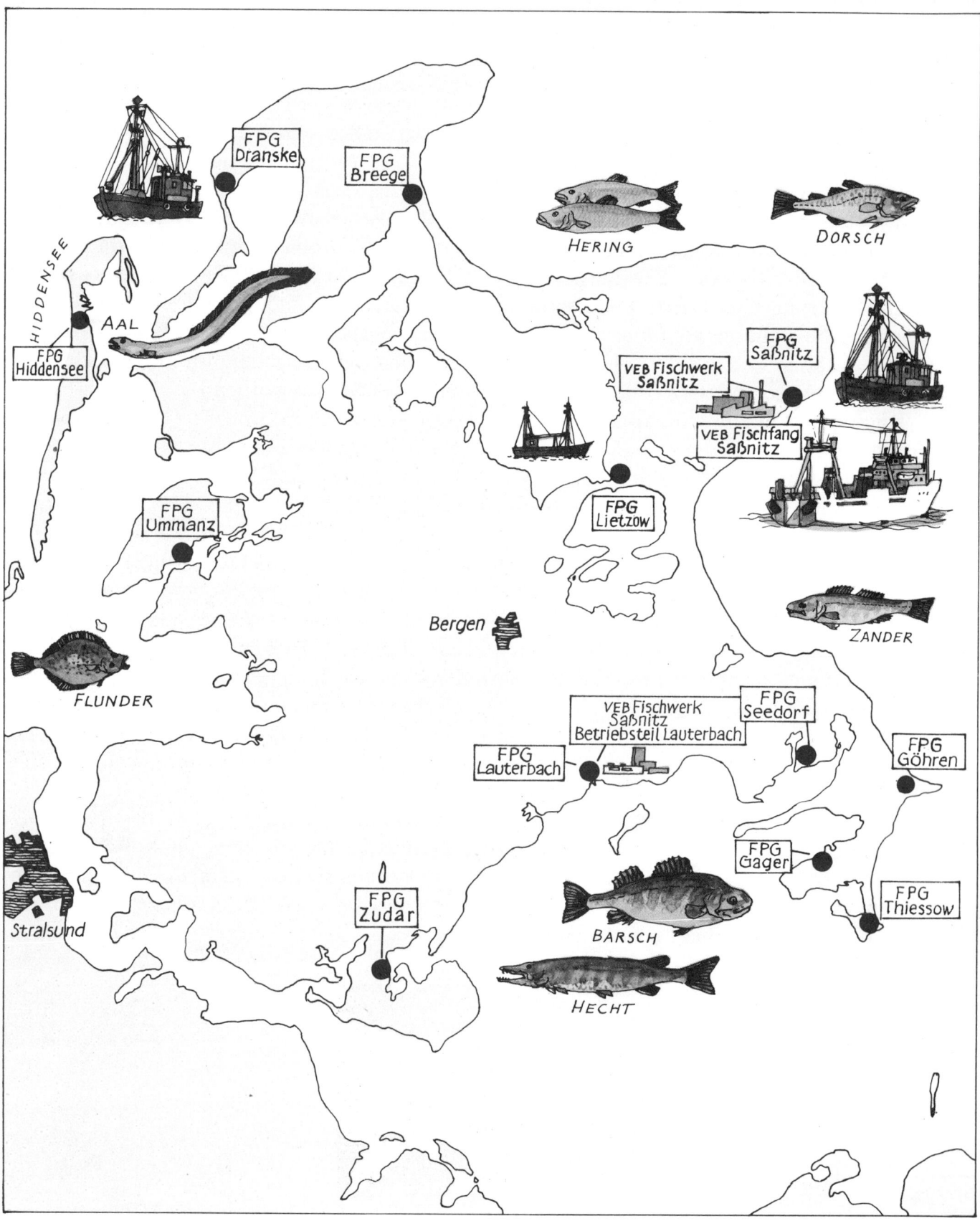

Rügenscher Fischfang

Ganz im Norden, nur wenige hundert Meter unterhalb Arkonas, liegt in einer Schlucht oder – wie wir auf Rügen sagen – in einer »Liete« der Ort Vitt. Man möchte dem Inselbesucher vor Betreten des äußerst reizvollen kleinen Dorfes mit seinen rohrgedeckten Häusern zurufen: »Verharre in Ehrfurcht, denn wo du stehst, ist heiliges, d. h. in unserem Falle: für die rügensche Fischerei hochgeschichtliches Land.« Schon Helmold von Bosau, den wir als einen der ältesten Chronisten unseres Gebietes kennenlernten, teilt in seiner »Slawenchronik« mit: »In Novembri enim flante vehementius vento multum illic allec capitur, et patet mercatoribus liber accessus, si tamen ante deo terrae legitima sua persolverint.« Zu deutsch: Wenn im November der Wind heftiger weht, wird dort nämlich der Hering massenhaft gefangen; dann steht den Kaufleuten der Zugang frei, sofern sie vorher dem Gott des Landes ihren gebührenden Zins erlegen. – Wir erhalten durch diese Notiz zugleich Kunde von zwei wichtigen Tatsachen. Einmal ist auf die sehr ergiebigen Fanggründe an Rügens Küsten hingewiesen. Dann erfahren wir durch Helmold von Plätzen, auf denen bereits im 12. Jahrhundert ein reger Handel zu beobachten war. Deutsche, und zwar Lübecker, sind es wohl in der Hauptsache gewesen, die sich noch vor 1200 auf der Insel einfanden, um hier bei den slawischen Fischern den begehrten Hering einzuhandeln. Im 13. Jahrhundert sehen wir den rügenschen Heringsfang in den großen hansischen Fernhandel einbezogen. Die Kaufleute der Städte bemühten sich redlich, von den heimischen Fürsten Privilegien zu erlangen, die ihnen einen ungestörten Handelsverkehr und damit lohnende Gewinne zu sichern vermochten. Als mit einer Urkunde Wizlaws I. vom Jahre 1240 dem jungen Stralsund die Rechte im einzelnen bestätigt wurden, hieß es ausdrücklich: »Verleihen auch den Bürgern der Stadt die freie Fischerei an beiden Seiten der Stadt ... bis zum Gellen hinaus und nach Ummanz hin, weiter nach Bessin sowie bis an den Bach Bresnitz und das Devinsche Wasser ... Wollen aber Fremde in unserem Gebiet das große Winter-Garn ziehen oder eine andere Fischerei treiben, so müssen sie dazu von den Stralsundern, von Uns oder unseren Beamten die Erlaubnis einholen.«

An mehreren Stellen der Insel entwickelten sich jene Fischhandelsplätze, wo der Hering eingesalzen, verpackt und verladen wurde; es entstanden die sogenannten Vitten. Für den nordrügenschen Bereich lassen sich fünf und für die Halbinsel Mönchgut im Südosten eine dieser Kaufmannsniederlassungen quellenmäßig belegen. Sie trugen offensichtlich »Saisoncharakter«, das heißt, sie waren lediglich während der großen Fangperioden – wie in den Herbstmonaten – bewohnt.

Die Blütezeit der rügenschen Vitten scheint

freilich nicht von langer Dauer gewesen zu sein. Das hat zweifellos Ursachen, die wir wohl in der Nutzung neuer günstiger Heringsfangmöglichkeiten an den Küsten Schonens zu sehen haben. Im 17. Jahrhundert verloren sie nach dem Niedergang der Hanse und der damit verbundenen Strukturveränderung der städtischen Wirtschaft vollends ihre Bedeutung. Die Mönchguter Vitte fiel einer schweren Sturmflut des Jahres 1663 zum Opfer. Dort, wo sich einst das Leben und Treiben der Fischer und Kaufleute entfaltete, erinnern heute nur noch Flurnamen an die ehemaligen Handelsplätze. Lediglich die Lietensiedlung Vitt bei Arkona ist als Ort erhalten geblieben. Jahrhundertelang »grote Vitte« genannt, dürfte sie auch während des Mittelalters die wichtigste Handelsniederlassung auf Rügen gewesen sein.

Wenn wir von einer periodisch betriebenen, etwa nur in den Herbst- oder Frühjahrsmonaten ausgeübten Fischerei hören, erhebt sich die Frage, ob die Fänge immer als Existenzgrundlage der Bewohner ausreichten. Die Antwort lautet: nein. Schon in den älteren schriftlichen Aufzeichnungen begegnet uns der Typ des »Fischerbauern«, eben jenes Rügeners, der sich sowohl von der Fischerei als auch von der Landwirtschaft ernährte. Im Siedlungsbild hoben sich die reinen Fischersiedlungen wie Vitt und Lohme, deren Bewohner vom Fischfang als der einzigen Erwerbsquelle lebten, von den Fischerbauerndörfern ab, die vor allem auf Mönchgut anzutreffen waren.

Fischer und Fischerbauern befanden sich zur Zeit der feudalen Gesellschaftsordnung in einer ähnlichen Abhängigkeit von den Territorial- und Grundherren, wie wir sie bei der bäuerlichen Inselbevölkerung im ganzen feststellen mußten. Das Fischereirevier war nach dem »Wendisch-Rügianischen Landgebrauch« des Matthäus v. Normann im 16. Jahrhundert in »tweierlei strande, de eine de grote strand, so umme dat land gehet, de ander de kleine binnenstrand« geteilt. Während der »grote strand«, d. h. die Ostseeküste, rechtlich dem Herzog unterstand, gehörten die Binnengewässer in die Verfügungsgewalt der Grundherren. Doch Normann hatte schon für sein Jahrhundert bekanntzugeben, daß von rügenschen Adligen auch auf dem großen Strand »etliche sonderbare privilegien« wahrgenommen wurden. Die untertänigen Fischer und Fischerbauern mußten nicht nur Handdienste auf den Gutshöfen leisten. Auf ihren Schultern lasteten ferner ganz beträchtliche Abgaben. Das schwedische Matrikelwerk von 1695 unterrichtet uns darüber eingehend und zählt u. a. auf: Grundpacht, Kopfsteuer, Akzise, Magazinkorn und Bischofsroggen. Darüber hinaus war schließlich noch die Nutzung der Fischereigerechtigkeit in Form einer bei den einzelnen Dörfern unterschiedlichen Menge Fisch abzugelten.

Wir können hier die Entwicklung des Abhängigkeitsverhältnisses nicht im einzelnen verfolgen und wollen auch nicht die Frage untersuchen, ob das Los der Fischer im 18. Jahrhundert leichter als das der leibeigenen Bauern gewesen sei. Soviel ist gewiß, daß die rügenschen Fischerfamilien oft schwere Notzeiten zu erdulden hatten. Im 19. Jahrhundert erging es ihnen offenbar noch erbärmlicher als vielen Gutstagelöhnern und Bauern. Das wird auch in einem Schreiben des Landrats von 1870 deutlich: »Die Klasse der Fischer ist eine weniger günstig situirte (als die in der Landwirtschaft Tätigen) und die dazu zählende Bevölkerung befindet sich theilweise in außerordentlich trauriger Lage. Die Ausbeute der Fischer ist nämlich von Jahr zu Jahr geringer geworden und theilweise so unergiebig gewesen, daß selbst die durch die verbesserte Communication erzielten höheren Preise lange nicht Ersatz für den Ausfall gewähren. Dazu kommt, daß die Aufwendungen, welche die Fischerei betreibenden Personen für

Kleidungsstücke, um den Witterungseinflüssen Trotz bieten zu können, nöthig haben, sehr viel erheblicher, wie bei den Landbewohnern sind, und daß endlich ein Sturm genügt, um das mit Hunderten von Thalern angeschaffte Geschirr vollständig zu zerstören, so müssen diese Momente auf das Mißliche der pecuniairen Lage hinzuweisen geeignet sein.«

Mit dem »Geschirr« sind die Fanggeräte gemeint. Über die Fangtechnik der älteren Zeit besitzen wir nur ganz vereinzelt spärliche Nachrichten. Die erwähnte Urkunde des Jahres 1240 läßt indessen den Schluß zu, daß sich die Fischer bereits im 13. Jahrhundert verschiedener Fangmethoden bedienten. Ob wir uns unter dem dort genannten »großen Winter-Garn« eine Art Treibnetz vorzustellen haben, bleibt freilich fraglich. Immerhin dürfte neben dem Setz- auch das Treibnetz schon zur Hansezeit an Rügens Küsten verwendet worden sein. In beiden Fällen handelt es sich um lange Netzwände, die, senkrecht ins Wasser gebracht, entweder – von Booten aus gelenkt – mit der Strömung treibend oder – als Setznetze – durch Stangen an einem Platz befestigt sind. Wir beobachten auch heute noch vielerorts die durch Pfahlreihen sichtbaren Sperrwände, gegen die der Fisch schwimmt, sich in den Netzmaschen verfängt und festgehalten wird.

Neben diesem Gerät, das man täglich aussetzt und nach beendetem Fang wieder mit an Land nimmt und trocknet, gewann seit Jahrhunder-

Vitt bei Arkona im 19. Jahrhundert

ten die Reuse Bedeutung. Nach neuesten volkskundlichen Forschungen ist dieses Fanggerät als Kammerreuse aus Dänemark übernommen und um 1540 auf Rügen eingeführt worden. Sie besteht aus dem Leitgarn, dem sogenannten Reusenwehr, und der eigentlichen Fangvorrichtung, der Reusenkammer. Das Reusenwehr ist eine bis zu 500 Meter lange, an Pfählen befestigte Netzwand, die die Fischschwärme in ihrer Wanderung ablenken und zu den Eingangsöffnungen der Reusenkammer leiten soll. Aus der geräumigen Kammer können die Fische nicht mehr zurück. Sie bleiben darin, bis die Fischer morgens ausfahren, um »die Reusen zu besehen« und die Fänge zu heben.

Während die Kammerreuse als Großreuse mit ihrem beachtlichen Netzumfang sowie dem aufwendigen Pfahlbestand weiter in die See hinausgeführt und für Massenfänge von großen Fischschwärmen genutzt werden kann, dienen Bügelreusen der Kleinfischerei, die in den Bodden und in Ufernähe des flachen Außenstrandes auf verschiedene Fischarten betrieben wird.

Im Gegensatz zu den Setznetzen und Reusen, die unbeweglich im Wasser stehen oder treiben, sind die Zug- oder Schleppnetze als »aktive« Fanggeräte zu betrachten. Die Geschichte der Zugnetzfischerei geht in das Mittelalter zurück. Viele Gewässernamen mit dem Grundwort -toch (= Zug) erinnern heute im Bereich rügenscher Wasserfluren, auf denen der Hering mit dem »Garn« ans Land gezogen wurde, an diese Fangtechnik. Wir sagen »erinnern« und deuten damit an, daß die Fischerei mit dem aus zwei Flügeln und dem »Sack« bestehenden Zugnetz gegenwärtig auf der Insel fast aufgegeben ist. An ihre Stelle trat die Reusenfischerei. – Mit dem Schleppnetz dagegen nennen wir bereits ein Produktionsmittel, das in unserer modernen Hochseefischerei die Fangart bestimmt. Auch bei den Schleppnetzen gilt es wieder, verschiedene Formen zu unterscheiden. Der Fischer

spricht von Zeesen, Streuern, Tucken und Scheren. Gemeinsam sind allen Verfahren Geräte mit großem Fangsack, die von Ruder-, Segelbooten oder Maschinenfahrzeugen am oder über dem Grund geschleppt werden.

Die seit 1601 in einer Zunft oder in einem »Amt« vereinten Stralsunder Zeesener »schleppten« zuerst auf den Inselgewässern ihre Netze. Dabei kam es nicht selten zur Überschreitung der durch Verfügung des pommerschen Herzogs festgelegten »Scheiden und Grenzen« und zu sehr heftigen Auseinandersetzungen mit den Rügenern. Nur allmählich fand die Schleppnetzfischerei in den Inseldörfern Eingang. Diese Fangmethode wurde in größerem Umfange erst zwischen den beiden Weltkriegen übernommen, als die mit Motorkraft ausgestatteten Fahrzeuge die Ruder- und Segelboote verdrängten.

Der Fischfang auf Rügens Gewässern konnte auch früher kaum von einzelnen betrieben werden. Das Ausfahren, Setzen und Einholen von Netzen und Reusen, die Bedienung des Bootes wie auch die Beschaffung und Unterhaltung des Geschirrs zwangen schon vor Jahrhunderten zur Gruppenbildung und Gemeinschaftsleistung, führten zu den Commünen oder Kompanien. Eine Fangtechnik wie die Zugnetzfischerei wäre ohne den Zusammenschluß mehrerer Fischer ohnehin gar nicht denkbar gewesen.

Die mittelalterlichen Quellen lassen uns über die Größe der Boots-, Netz- oder Reusengemeinschaften noch im unklaren. Erst gegen Ende des 17. Jahrhunderts sind Einzelheiten über Art und Struktur dieser Kollektive schriftlich festgehalten worden. So heißt es in der wiederholt erwähnten schwedischen Landesmatrikel über das Dorf Saßnitz, in dem seinerzeit 13 Fischer beheimatet waren: »Sie haben zusammen 4 Stück Boote, auf denen sie fischen; und es haben sich 3 und 3 auf jedem Boot eingeteilt, aber auf einem Boot sind 4 Männer.«

Die Commünen unterschieden sich freilich in vielem – in der durch die Fangart und -technik bedingten Anzahl der Teilnehmer und in den Eigentumsformen. Einmal war das Boot, im anderen Falle das Gerät Gemeineigentum. Und dennoch: Alle Gruppen einte das Bestreben, gemeinsam die schwere und oft äußerst gefahrvolle Arbeit zu bewältigen. Dabei zeichneten sich feste Formen des Zusammenwirkens und Zusammenlebens ab. Das Wort und die Entscheidung des älteren und erfahrenen Fischers galt für die jüngeren. Die Gewinnbeteiligung während der Krankheit eines Teilnehmers war ebenso selbstverständlich wie die Hilfe und Unterstützung für Hinterbliebene eines verstorbenen Commünmitgliedes.

Die großen Vorteile dieser Vereinigungen lagen auf der Hand. Gar nicht so selten kam es vor, daß Herbststürme das gesamte Netzwerk vernichteten. Die Neuanschaffung wäre dem einzelnen ganz unmöglich gewesen.

Mit der Arbeit auf dem Wasser war früher das Tagewerk der Fischer nicht beendet. Die Fische mußten in oft mühevoller Weise in die Dörfer und Städte gebracht und verkauft werden. In der fangarmen Zeit stellte man das Geschirr her oder setzte es instand. Bis zum Ende des vorigen Jahrhunderts wurden in den rügenschen Fischerhäusern die Netze mit dem »Knüttelstikken« in Handarbeit geschaffen. Hier und da sehen wir noch an Geräteteilen als Zeichen des Eigentums Hausmarken, die – von Generation an Generation weitergegeben – bis in unsere Tage erhalten geblieben sind.

Es waren gute und wertvolle Traditionen, an die bei Gründung der Fischereiproduktionsgenossenschaften angeknüpft werden konnte. 1954 entstanden in Glowe mit acht und in Dranske mit vierzehn Fischern die ersten Genossenschaften der Insel. Damit begann eine Entwicklung, die in wenigen Jahren die bisherige Betriebsform völlig wandeln sollte. Noch

Hochseefischer

äußerten freilich zahlreiche einheimische Fischer Bedenken, meinten der neuen genossenschaftlichen Produktionsweise mit Vorbehalten begegnen zu müssen. Doch als sich die Breeger Fischer am 16. August 1957 entschlossen, die FPG »Wittow« zu bilden, schwanden auch in anderen Inselorten viele Zweifel. Nach dem Vorbild der Wittower Fischer schlossen sich bald die Reusengemeinschaften von Groß Zicker, Altreddevitz, Neureddevitz, Lobbe, Zudar und Lauterbach sowie die Partnergemeinschaften und Einzelfischer der Insel Ummanz und von Mursewiek in Produktionsgenossenschaften zusammen. Ihnen folgten neben anderen die Jasmunder, Binzer, Selliner, Baaber und Thießower. 1985 bestanden auf Rügen 12 FPG.

Die in den Genossenschaften vereinigten Inselfischer haben heute eine gesicherte Existenzgrundlage. Sie kennen keine Notzeiten, Wirtschaftskrisen und Absatzschwierigkeiten, unter denen die rügenschen Fischer in den vergangenen Jahrhunderten bitter genug zu leiden hatten. Doch dem Fischfang Rügens erwuchsen neue, viel größere Aufgaben. Es galt nicht nur den »heimischen Markt« zu decken, sondern die Bewohner aller Teile der Deutschen Demokratischen Republik mit dem wichtigen Nahrungsmittel Fisch zu versorgen. Dazu reichten weder die herkömmlichen Fangmethoden noch die bislang befischten Gründe aus. Die ergiebigen Fangplätze außerhalb der Inselgewässer – Skagerrak, Nordsee, Irische See und Atlantik – waren unseren Fischern noch verschlossen. Es fehlten die entsprechenden Fischereifahrzeuge und -einrichtungen, und es mangelte auch an den in der Hochseefischerei erfahrenen Fachkräften. Angesichts dieser Tatsachen war die Gründung des Fischkombinats Saßnitz am 7. Februar 1949 ein Schritt von außerordentlicher Bedeutung.

Betreten wir heute den VEB Fischfang Saßnitz, dann verstehen wir die hier tätigen Menschen, wenn sie voller Stolz auf ihren Betrieb blicken, den sie sozusagen aus dem »Nichts« schufen. – Wie sah es 1949 in Saßnitz aus? Als die ersten zwölf in Holzbauweise hergestellten 17-Meter-Kutter, von denen jeder 12 t Fische aufnehmen konnte, von ihrer Fangreise zurückkehrten, da gab es noch keine Anlegebrücken, keine Fischhalle, keine Eisfabrik, da existierten jene Einrichtungen noch nicht, die längst eine Selbstverständlichkeit zu sein scheinen. Mit äußerst primitiven Mitteln mußten der Umschlag bewältigt, die Verarbeitung vorgenommen und der Transport erledigt werden. Doch die Fischer und Arbeiter, zu denen sich befähigte Vertreter der technischen Intelligenz fanden, ließen sich nicht entmutigen. Sie begannen zwischen dem alten Ort Saßnitz und der Ostsee mit dem Aufbau eines Betriebes, der aus dem Wirtschaftsleben unserer Republik nicht mehr wegzudenken ist. Wenn im zweiten Planjahr, 1950, bereits 8 946 t Fische gefangen und angelandet wurden, so war dies ein beachtliches Ergebnis. 1953 verfügte das damalige Kombinat über eine Flotte von 189 Kuttern, darunter 58 mit einer Länge von 24 Metern und einem Aufnahmevermögen von je 24 t. 20 991 t Fische – Hering, Dorsch, Plattfisch und Sprotten – wies seinerzeit die Jahresfangstatistik aus. Ein Jahr zuvor war mit der Nordseebefischung begonnen worden. Die Erfahrungen, die dabei gesammelt wurden, führten zu einem neuen Schiffstyp, nämlich zum 26,5-Meter-Stahlkutter, der bei einer Besatzung von sieben Mann 45 t Fische mitzubringen vermag. 1964 gehörten zu dem Saßnitzer Flottenbestand von 109 Fischereifahrzeugen 50 Kutter dieses Typs. Die kleineren 17-Meter-Kutter waren inzwischen den Fischereiproduktionsgenossenschaften überlassen worden.

Die ganzjährige Befischung der Meere stellte jetzt dem »Fischereitechniker« hohe Aufgaben, erforderte über die Grundschleppnetzfischerei hinaus besondere Fangmethoden, um den Fisch auch dann zu erreichen, wenn er nicht »auf dem Grund steht«. Die seit 1961 angewandte pelagische Fischerei gestattet es, das Netz auf jede Tiefe zu steuern. Wir dürfen das Wort »steuern« wörtlich nehmen; denn wenn die Betriebsleitung über den Einsatz der modernen hydroakustischen und nautischen Ortungsgeräte – über die Fischlupe, das Horizon-

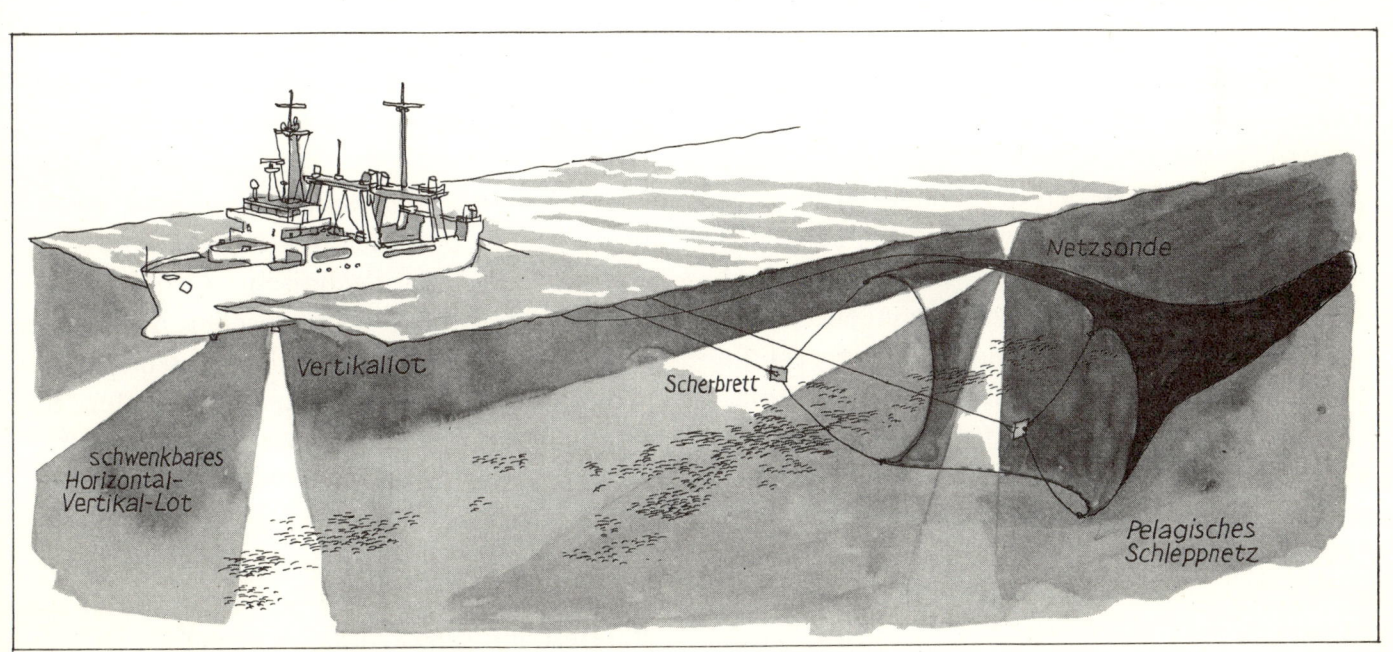

tal- und Vertikallot und über die Netzsonde — berichtet, dann ahnt auch der Nichtfachmann, was die »gezielte« Fischerei bedeutet. Bei dem gegenwärtigen Stand der Technik ist es offensichtlich möglich, einen Fischschwarm »vorauszuorten«, den Kurs des Schiffes darauf einzustellen und das Fanggerät so zu führen, daß der Schwarm ins Netz gelangt.

Mit dieser beachtlichen Entwicklung der Fangtechnik war zugleich die Konstruktion von Anlagen verbunden, die auch die Schiffssicherheit vergrößern. Unsere Fischereifahrzeuge sind heute unter anderem mit Radar, Selbststeueranlagen und mit UKW ausgerüstet.

Während der Jahre 1965 und 1966 kamen zum Saßnitzer Flottenverband fünfzehn 49 Meter lange Frosttrawler und die beiden auf der Volkswerft Stralsund gebauten fast 80 Meter langen Fang- und Verarbeitungsschiffe »Stubnitz« und »Granitz« hinzu. Und sie waren nun auf vielen — auch weit entfernten — internationalen Fangplätzen vertreten: an der Nordwestküste Afrikas, in der Biscaya, auf dem Schelf der Vereinigten Staaten von Amerika, um Island und in der Barentssee.

Im Heimathafen Saßnitz entstanden nach 1949 ausreichende Anlegebrücken, automatische Löscheinrichtungen, die Fischhalle, eine Platteneisfabrik, es entstanden ferner Netzboden, Takelei, Werkstätten zur Reparatur der Schiffe und Lagerplätze. Neben dem Fangbetrieb entwickelte sich im Ortsteil Dwasieden gleichzeitig das Fischverarbeitungswerk mit weitgehend mechanisierten Produktionsvorgängen. 1951 konnten dort 4 650 t Fertigwaren hergestellt werden. 1967 waren es schon etwa 12 000 t. Seit 1957 arbeitet dieser Betrieb — herausgelöst aus dem Kombinat — als selbständiges Werk.

In der Chronik des jungen VEB Fischwerk Saßnitz ist der 2. März 1958 besonders vermerkt. An diesem Tag brach auf dem Betriebsgelände ein Großbrand aus, zerstörte zwei Werkhallen und vernichtete damit Millionenwerte. Die Produktion schien in hohem Maße gefährdet. Bei noch rauchenden Trümmern fand sich das gesamte Kollektiv zur Beseitigung der Schäden und dann zur Wiedererrichtung des Werkes zusammen. In einer beispielhaften Gemeinschaftsleistung halfen alle Angehörigen mit, *ihren* Betrieb wiederaufzubauen. Diese Tat ist um so höher zu werten, als der weitaus größte Teil der seinerzeit 800 Personen starken Belegschaft aus Frauen bestand.

Die enge Verbundenheit der Menschen mit dem Fischwerk und dem VEB Fischfang, mit den in wenigen Jahren am Gestade des Meeres neu geschaffenen Großbetrieben, äußert sich immer wieder in erfreulicher Weise, nicht zuletzt natürlich in ausgezeichneten Arbeitsergebnissen.

So wurden 1975 vom Saßnitzer Fangbetrieb mehr als 60 000 t Fische angelandet. Das war gegenüber dem Ertrag des Jahres 1949 eine Steigerung um das Dreißigfache. Eine besondere Anerkennung für alle Betriebsangehörigen bedeutete es sicher, als 1979 von der Regierung unserer Republik der VEB Fischfang Saßnitz für seine Verdienste in der kontinuierlichen Planerfüllung und als zuverlässiger Partner in der Volkswirtschaft mit der höchsten staatlichen Auszeichnung, durch die Verleihung des Karl-Marx-Ordens, geehrt wurde. 1983 gehörten 2 400 Werktätige zum Betrieb, und 1 200 — die Hälfte der Belegschaft — betraten als Kapitäne, Steuerleute, Technische Offiziere und Matrosen die Planken der Fischereifahrzeuge. Wenn an dieser Stelle von den Leistungen der im Fischfang Tätigen die Rede ist, dürfen keinesfalls die des zweiten Saßnitzer Großbetriebes der Fischwirtschaft außer acht gelassen werden. Die Fischwerker — zunächst sollten wir die Fischwerkerinnen nennen, denn die Personalstatistik des VEB Fischwerk weist unter den 1000 Beschäftigten achtzig Prozent Frauen aus —

Vitt bei Arkona

Kammerreuse vor Arkona

Gewässer um Klein Zicker

Fischerhaus in Klein Zicker

Fischerhaus in Wreechen

Blasentang am Spülsaum

Reusenfischer bei der Arbeit auf dem Kleinen Jasmunder Bodden

Stellnetzfischer beim Heringspuken

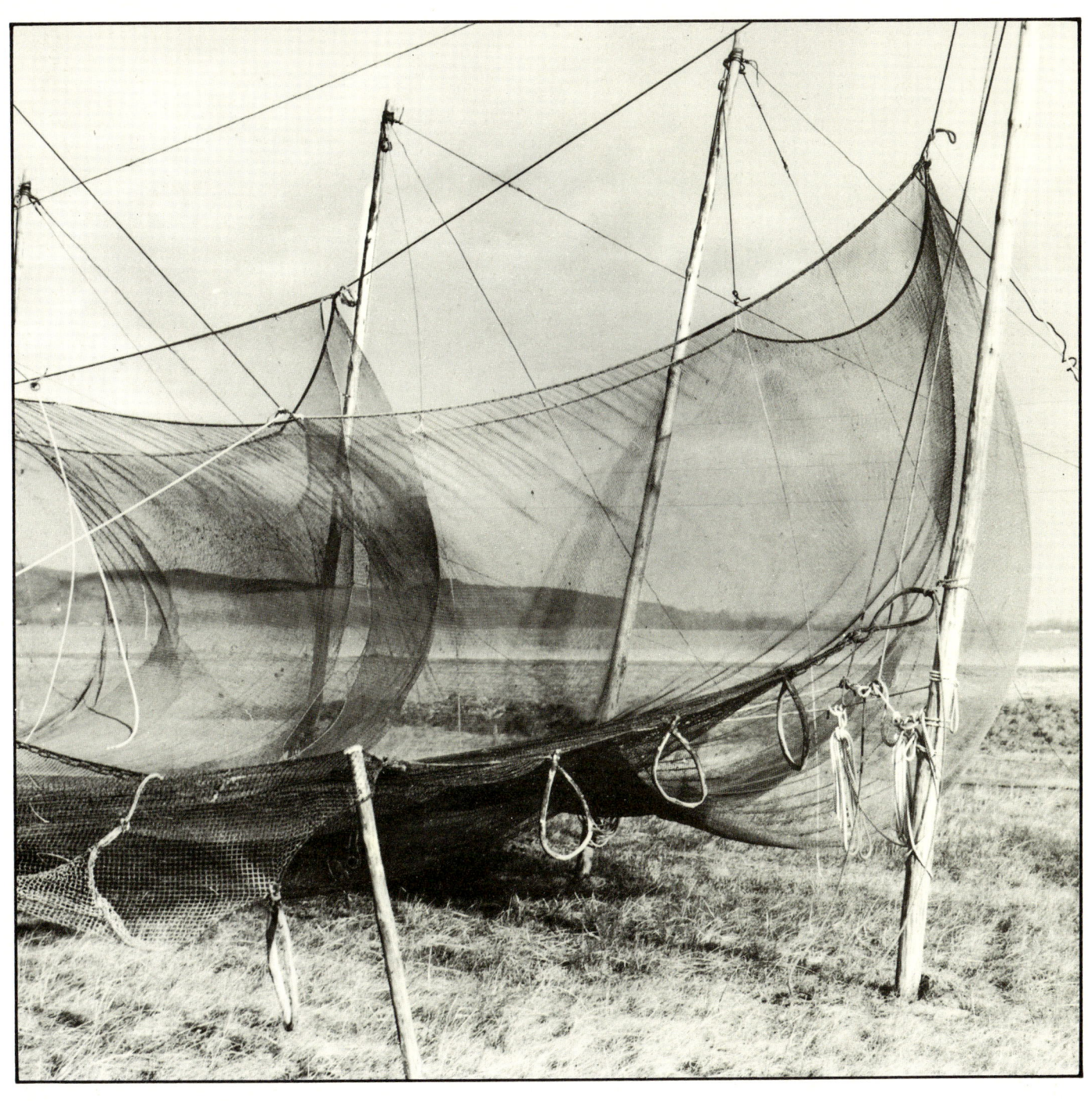

Zum Trocknen aufgestellte Kammerreuse

Eisfischer

Eisbrecher bahnen Fahrrinne im Greifswalder Bodden

Saßnitzer Mole, heimkehrende Fischkutter

Im VEB Fischfang Saßnitz

In Saßnitz

Im Hafen der FPG Saßnitz

VEB Fischwerk Saßnitz

versorgten 1983 den in- und ausländischen Markt immerhin mit annähernd 17 000 t Konserven. Und wenn wir erfahren, daß das Sortiment auf 48 »Erzeugnisse« erhöht wurde, dann spricht diese Tatsache für sich. Dem volkseigenen Fischwerk Saßnitz ist das Fischwerk Lauterbach/Rügen mit 140 Betriebsangehörigen angegliedert. Dort werden hauptsächlich Halbkonserven, sogenannte Präserven, und Räucherwaren hergestellt.

Auswirkungen der internationalen Fischereipolitik – die Erweiterung von Seegrenzen zum Beispiel, Schonung der Fischbestände auf den herkömmlichen Fangplätzen und die Errichtung von »ökonomischen Zonen« vor den Küsten einzelner Staaten, veranlaßten auch unsere Republik zur Verwirklichung wirtschaftsorganisatorischer Maßnahmen. Am 1. Januar 1984 übernahm das Fischkombinat Rostock allein die »Befischung des Fernbereichs«. Der Saßnitzer Betrieb übergab dazu dem Kombinat der Warnowstadt seine Frosttrawler und die beiden Fang- und Verarbeitungsschiffe. Er konzentriert sich seitdem auf Fänge im »Nahbereich«, das heißt vor allem in der Ostsee, und nutzt hier alle Möglichkeiten der rationellen Fischerei. Gleichzeitig mit diesen Veränderungen entstanden für den VEB Fischfang Saßnitz neue Aufgaben, von denen wir lediglich die eines Leitbetriebes für die Fischereiproduktionsgenossenschaften erwähnen wollen.

Die Anghörigen des Fangbetriebes der nördlichsten Stadt unseres Landes sind als gute Fachleute international geachtet. Sie bemühen sich auch künftig, das »Silber des Meeres« umfangreich zu bergen, um die Versorgung des Marktes mit Fisch und Fischwaren zu gewährleisten.

Dem Menschen gilt auch in den großen Betrieben der Ostseestadt die Fürsorge des Staates. Ob wir auf dem Gebiet des Gesundheitsschutzes die Poliklinik, das Ambulatorium und die Zahnstation oder im Bereich der fachlichen Ausbildung die Betriebsberufsschule mit ihrem Internat für 220 Lehrlinge nennen – wir haben mit ihnen Einrichtungen vor uns, die als vorbildlich bezeichnet werden dürfen.

Seit Bestehen des Fangbetriebes sind in Saßnitz zahlreiche tüchtige Hochseefischer herangebildet worden. Ein Stamm junger Kapitäne hatte auf den internationalen Fangplätzen hinlänglich Gelegenheit, seine ausgezeichneten Fähigkeiten zu beweisen. Junge Kapitäne? – Ihr Durchschnittsalter betrug 1964 nur 32 Jahre. Wenn wir hören, daß der Jahresfang der Saßnitzer Fischer mehrere ...zigtausend Tonnen beträgt, sollten wir versuchen, uns frühere Fangergebnisse ins Gedächtnis zu bringen. 1929 wurden von den Fischern Rügens 3 995 t angelandet, und in Saßnitz fing man im Jahr vor Gründung des Kombinats 1 620 t Fische, mehr nicht.

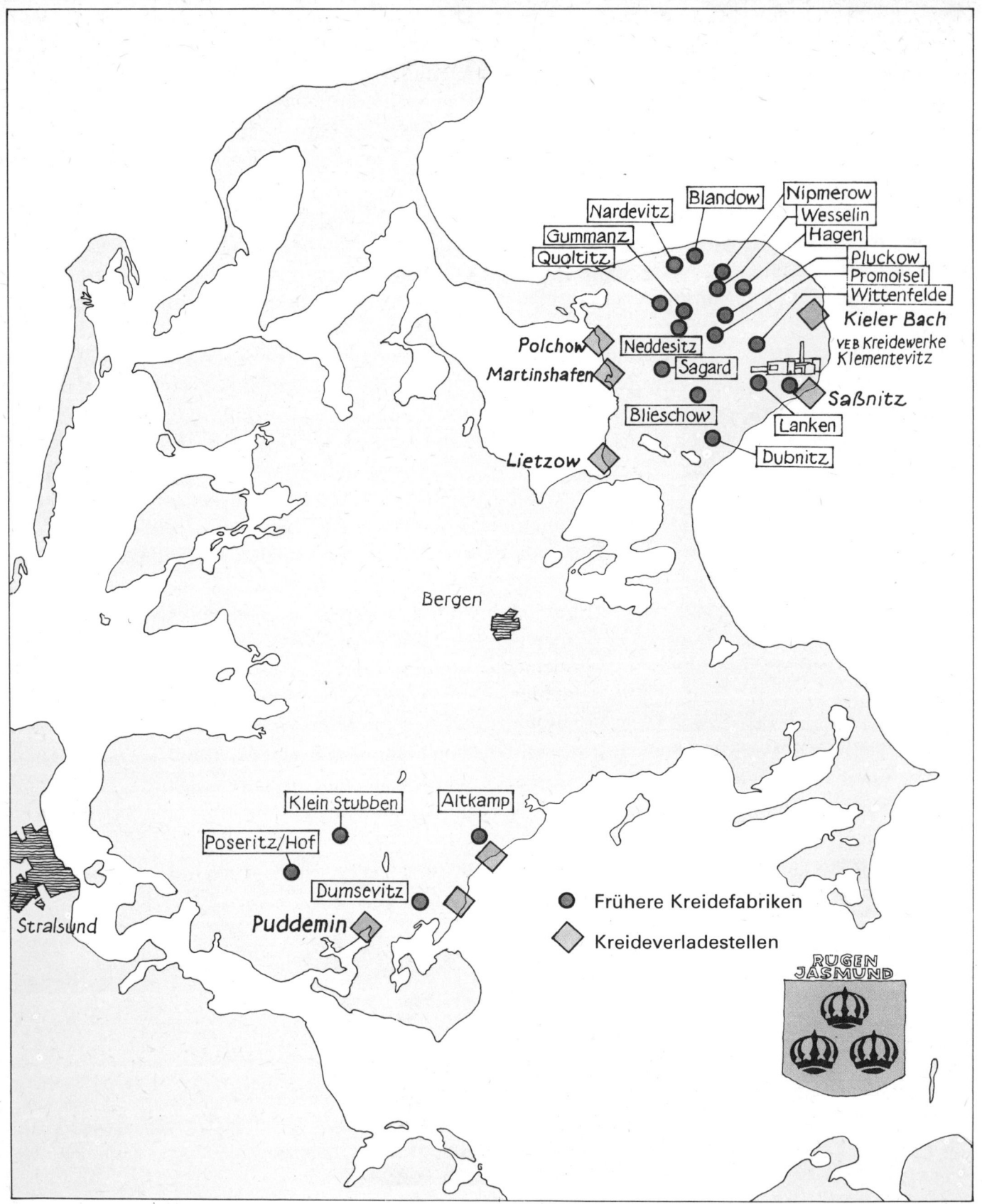

Kreide

Bei all denen, die sich um Klärung der Vorgeschichtsprobleme unserer Insel mühen, hat sein Name einen guten Klang. Gemeint ist Friedrich von Hagenow. Wir begannen deshalb auch aus sicher einleuchtendem Grunde die Betrachtung von Rügens Hünengräbern und Burgwällen mit dem Versuch einer Würdigung dieses Mannes. Seine Verdienste sind unumstritten. Aber nicht allein Prähistoriker schulden ihm Dank für äußerst sorgfältige Karten und die vorsichtige Deutung von Grabungsbefunden. v. Hagenow gehörte noch zu jenen Gelehrten des 19. Jahrhunderts, die den Gedanken der »universitas litterarum«, der Wissenschaften als Gesamtheit, aufs beste zu verwirklichen vermochten. Sogar auf dem Gebiet der Technik trat er mit beachtlichen Erfindungen hervor. Wenn von einer Geschichte der Kreideindustrie die Rede ist, wird man ihn nicht übergehen dürfen. Er begründete vor den Mauern Greifswalds die erste deutsche »Kreideschlämm-Fabrik«. Das war um 1840.

Schon vorher ist auf Rügen Kreide gebrochen oder – wie am Rande der Granitz – aus »Schichten, die sich bis ins Meer erstrecken« gewonnen und gebrannt worden. Alte Flurnamen wie »Beim Kalkofen« erinnern noch daran. Nach zeitgenössischen Berichten wußte man damals jedoch nicht allzuviel mit dem Erzeugnis anzufangen, das zwar »gut zur Tünche, aber nicht genug bindend als Mauerspeise sey«. Johann Jacob Grümbke gab 1829 wohl die Meinung der meisten Rügener kund, wenn er beim Anblick der Kreideberge feststellte: »Vorteilhafter für die Einwohner wäre es allerdings, wenn es der Natur gefallen hätte, statt der Kreide Felsmassen zu schaffen, die zu Steinbrüchen benutzt werden könnten.« – Grümbke erkannte freilich die gewaltigen Kreidevorkommen Jasmunds, die »so beträchtlich sind, daß sie für ganz Deutschland vielleicht mehrere Jahrhunderte durch zum Magazin dienen könnten«, beklagte indes den kaum erwähnenswerten Abbau: »Gleichwohl ist noch in keinem naturhistorischen und mineralogischen größeren Werke dieses ansehnlichen Kreidelagers, was Deutschland besitzt, Erwähnung geschehen, auch wird der Stoff im Lande selbst wenig benutzt, man brennt etwas Kalk daraus und einige Lohmer Einwohner verkaufen kleine Portionen davon nach Stralsund und den rügianischen Städten.«

Diese Unterschätzung der Kreidegewinnung sollte jedoch bald ein Ende finden. Als in Stettin und bei Putbus auf Rügen weitere Schlämmereien ihren Betrieb aufnahmen, da traten sofort profitgierige Geschäftsleute in Erscheinung, die meinten, rasch »einen Kreideberg in einen Goldberg verwandeln« zu können. v. Hagenow versuchte es 1845 noch, den unlauteren

Methoden der Spekulanten entgegenzuwirken und die Schlämmkreideproduktion vernünftig in richtige Bahnen zu lenken. Doch vergeblich! Auch seine Bemühungen, mit Hilfe eines »Vereins-Comptoires für Schlämmkreidefabrikate« die Herstellung zu steuern, und Bestrebungen, Geländeteile mit Kreidelagern im Interesse dieses Vereins zu pachten, blieben erfolglos. Im Gegenteil, die Mitglieder der Vereinigung gerieten in arge finanzielle Nöte. In einem von v. Hagenow unterzeichneten Schreiben vom 28. August 1849 heißt es: »Der Zweck, welchen wir damals bei Pachtung des Ufers Mukran verfolgten – die Ausschließung von Concurrenten und anderer Kreidefabrikanlagen –, ist jetzt, nachdem 10 solcher Fabriken dessen ungeachtet auf Rügen anderweitig ins Leben getreten sind, gänzlich verfehlt, und wir sind dadurch gezwungen, alljährlich eine Pachtsumme von 200 Talern zu zahlen, wofür w... keiner Weise den allergeringsten Nutzen g... nießen.«

Im Sommer 1847 hatten die ersten 200 Tonnen Schlämmkreide eine »Fabrik« von Quoltitz – im Norden der Halbinsel Jasmund – verlassen. Kurz danach wurde am Bau von Trockenschuppen für eine Schlämmerei in Altkamp auf südrügenschem Gebiet gearbeitet. Zum Zentrum der Schlämmkreidefabrikation entwickelte sich indessen der Ort Saßnitz mit seinen günstigen Abbaumöglichkeiten. Schon vor 1845 war dort von dem aus Stralsund stammenden Kaufmann Schneider die erste Schlämmerei eingerichtet worden. Sie ging noch gegen Ende der vierziger Jahre auf den Saßnitzer Magnus Küster über, der die Anlage zu einer der bedeutendsten Rügens ausbaute. Zu dem Küsterschen Unternehmen kamen bald andere hinzu. Die Geschichte der Saßnitzer Kreidebetriebe spiegelt mit ihren erbitterten Konkurrenzkämpfen anschaulich die kapitalistischen Verhältnisse jener Jahrzehnte wider. Wunschträume, mit der rügenschen Kreide »das große Geschäft« machen und mühelos Reichtum erlangen zu können, erfüllten sich freilich nicht. Dem stand vor allem die Technik der Schlämmkreidegewinnung entgegen. Sie beruhte in hohem Maße auf dem Handbetrieb und erforderte einen außerordentlich starken körperlichen Einsatz der Kreidewerker.

Der Rohstoff mußte an einer steilen Abbruchwand von angeseilten »Schlämmern« mit Spitzhacken losgeschlagen und auf Loren zum »Rührwerk« gefahren werden. Dort wurde in großen Bottichen unter Zufluß von Wasser und Bewegung von eisernen Harken das grobe Feuersteinmaterial ausgeschieden. Die in Wasser gelöste Kreide floß als Kreidemilch oder »Kreidetrübe« über Absetzrinnen, auf deren Böden sich die feineren Verunreinigungen ablagerten, in Absetzbecken. Hier schlug sich

Friedrich von Hagenow

Ehemaliges Kreidewerk in Saßnitz

die gesäuberte Kreidetrübe in einer Schicht von etwa 30 Zentimetern nieder. Nach Abzug des geklärten Wassers wurde wieder aufgefüllt, bis die Kreide schließlich eine Mächtigkeit von annähernd eineinhalb Metern erreicht hatte. Um den Prozeß des Festwerdens der abgesetzten Kreide zu beschleunigen, »krückte« oder stampfte man sie. Der nächste Arbeitsgang bestand in dem »Ausschlagen« des abgelagerten Materials, dessen Feuchtigkeitsgehalt noch 30 bis 35 Prozent betrug, d. h. die schwere, dickbreiige Masse wurde aus dem Becken in Karren geschaufelt. »Former« transportierten sie dann zu den Trockenschuppen und breiteten sie in schaufelgroßen Stücken geformt auf den unteren, mit Ziegelsteinen bedeckten Hordenreihen aus. Waren die Kreidekuchen erhärtet, folgte die sogenannte Umformung, bei der die Stücke auf die oberen – mehr »luftigen« Böden des Schuppens befördert wurden. Bei der Lagerungszeit von etwa vier Wochen trat eine Verminderung der Feuchtigkeit auf 5 bis 3 Prozent ein. Die Kreide erhielt nun Versandreife.

Der zügigen Schlämmkreidegewinnung waren bei diesem Verfahren verständlicherweise Grenzen gesetzt. Wochenlange Regenperioden genügten, um die Abbautätigkeit an den Wänden zu unterbrechen und den Vorgang der Trocknung ganz erheblich zu verzögern. Während der Wintermonate standen die Rührwerke ohnehin still. Das war das eine. Das andere Hindernis lag – wie schon angedeutet – in der völlig unzureichenden Technik der rügenschen Kreideindustrie. Gewiß, es hat nicht an Versuchen gefehlt, die Betriebe zu modernisieren. Wenn Küster anfangs das Rührwerk seiner Schlämmerei mit der Wasserkraft des Steinbachs betrieb und andere Werke Pferde einsetzten, so traten noch im 19. Jahrhundert Dampfmaschinen und später Elektromotoren an diese Stelle. Als zwischen den beiden Weltkriegen Rohkreide in Massen gebrochen wurde, konnte man nicht mehr auf Bagger und entsprechende Verkehrsanlagen verzichten. Bei der Schlämmkreidegewinnung aber überwog immer noch die schwere Handarbeit; der Arbeitsprozeß – Brechen, Krücken, Ausschlagen und Formen – änderte sich nicht, bis unsere Zeit einen endgültigen Wandel schuf.

Die hundertjährige Geschichte der Kreideindustrie weiß von schonungslosester Ausbeutung der Menschen zu berichten. Schon die Anfänge in den vierziger Jahren des vorigen Jahrhunderts waren davon überschattet. So erfahren wir, daß in Saßnitzer Werken nicht nur Männer, sondern auch Frauen und Jungen im Alter von 14 Jahren in den Brüchen arbeiteten. Man sprach von »de grot« und »de lütt Mann« und unterschied damit Männer, die Kreide brachen, und Frauen und Kinder, die das gebrochene Material mit Schiebkarren zum Ufer und über behelfsmäßige Brücken in Boote transportierten. Der Gedanke an einen Achtstundentag wäre für diese Saßnitzer Arbeiter zweifellos eine Illusion gewesen. Es heißt in zeitgenössischen Berichten, daß die Kreidearbeiter nicht selten im Walde übernachteten, um sich den Hin- und Rückweg zum Arbeitsplatz zu ersparen und bei Tagesanbruch gleich in Nähe des Bruches zu sein.

Später als in anderen deutschen Industriebezirken fanden sich die Kreidewerker der Insel in Organisationen zusammen. Erschwerend für den gemeinsamen Kampf gegen Unterdrückung und für eine Verbesserung der Lebenslage wirkte sich auch die Zersplitterung dieses Industriezweiges aus; denn um die Jahrhundertwende existierten auf Rügen schon mehr als 20 Betriebe. Hinzu kam ferner die Tatsache, daß viele Beschäftigte der Kreidewerke nur zeitweise als Schlämmer und Former arbeiteten, daneben aber ihren notdürftigen Unterhalt in der Land- und Waldwirtschaft suchten.

1899 schlossen sich die Kreidewerksbesitzer – mit Ausnahme des Saßnitzer Betriebes Küster – in dem sogenannten »Arbeitgeberverband der Schlämmereien der Jasmunder Kreide-Konvention« zusammen. Damit war nicht nur eine Institution geschaffen, die Fragen der Produktion lenken und die Preise festlegen sollte; die »Arbeitgeber« hofften auch, mit dieser monopolistischen Verbindung massiv dem »Terror der Arbeiterschaft« entgegentreten zu können. Das sind Formulierungen, wie wir sie in bürgerlichen Zeitungen der zwanziger Jahre lesen.

Aber blicken wir auf den Beginn des Jahrhunderts zurück. Am 8. April 1905 versammelten sich zahlreiche Kreidearbeiter auf dem Grundstück des Häuslers Tiemann in Sagard, um den Vortrag eines Stettiner Gewerkschafters zu dem Thema »Wie verbessern wir unsere Lage?« zu hören. Die Unternehmer hatten die Zusammenkunft in einem öffentlichen Lokal wohlweislich zu verhindern verstanden. Zu verhindern vermochten sie indes keineswegs jene Entwicklung, die nun ihren Anfang nahm. Noch am selben Tage traten von 100 in Sagard versammelten Kreidewerkern 55 dem Verband der Fabrikarbeiter bei. Es ist sicher kein Zufall, daß eine der ersten Ortsgruppen der Sozialdemokratischen Partei Rügens 1905 in Sagard – eben im Bereich der Jasmunder Kreidebetriebe – entstand.

Immer wieder griffen die bald vollzählig gewerkschaftlich organisierten Kreidekumpel zum bewährten Mittel des Streiks und erzwangen die Erhöhung ihrer Löhne und Zuschläge für viele Überstunden. Die Kämpfe entbrannten besonders heftig zur Zeit der Inflation, die alle Arbeiter in eine äußerst große Notlage brachte. Am 3. September 1921 ruhte zum erstenmal in sämtlichen rügenschen Kreidewerken die Arbeit. Die Unternehmer konnten sich den berechtigten Forderungen der Arbeiter nicht mehr verschließen – zumal als 1922 die Kreidearbeiter beharrlich zehn Wochen lang streikten. Wiederholt kam es zu eindrucksvollen Solidaritätsaktionen. Als während eines großen Streiks im April 1928 die Kumpel des Saßnitzer Gemeindewerkes ihr Ziel, und zwar die Erhöhung des Stundenlohnes um 10 Prozent und die Annahme eines Tarifvertrages, erreicht hatten, erschienen sie noch nicht im Betrieb. Die »Saßnitzer Zeitung« vom 3. April kommentierte dies richtig mit folgender Bemerkung: »Wie wir hören, hatte das Gemeindewerk Saßnitz die Forderungen bereits bewilligt; die Arbeiter stehen jedoch auf dem Standpunkt, daß die Arbeit nur dann wieder aufgenommen werden soll, wenn sämtliche Betriebe die Lohnforderungen angenommen haben.« In einem anderen Fall wurden 1928 Streikbrecher vom Saßnitzer Kreidewerk Galitz vertrieben und Streikposten eingesetzt. Und als sich die Betriebsleitung der Schlämmerei in Neddesitz offenbar besonders hartnäckig zeigte, versammelten sich 300 Streikende der Jasmunder Kreideindustrie und demonstrierten vor dem genannten Werk für die Interessen ihrer Klassengenossen.

Vier- bis fünfhundert Familien bemühten sich, in der rügenschen Kreideindustrie ihr Brot zu verdienen. In der Produktion lag der Schwerpunkt auf der Rohkreidegewinnung. 1928 wurden aus den Jasmunder Brüchen 500 000 Tonnen in Martinshafen am Großen Jasmunder Bodden und in Saßnitz verladen und überwiegend in die Zementfabriken des Odermündungsgebietes befördert. Die Schlämmkreideherstellung blieb dagegen mit einem Versand von etwa 80 000 Tonnen zurück.

Das Ende des zweiten Weltkrieges brachte die Kreideindustrie vorübergehend zum Erliegen. Die Wirtschaft aber konnte auf das kostbare Mineral nicht verzichten, und die Kreidewerker der Insel setzten Rührwerke und Trockenanlagen instand, griffen zur Pickhacke und schlugen an den Abbruchwänden wieder die Loren voll. Von 19 Schlämmbetrieben gingen bald 16 in die Hände des Volkes über. Unverändert blieben jedoch vorerst auch in diesen Werken die alten Produktionseinrichtungen und damit die

»Ausschlagen« der Schlämmkreide in der alten Kreideindustrie

schwere körperliche Arbeit. Erst Maßnahmen, die nach 1953 zu zwei mechanischen Aufbereitungsanlagen und zu einer gewissen Konzentration der Produktion führten, schufen zugleich den Kreidekumpeln wesentliche Arbeitserleichterungen. Aber diese Rekonstruktionsversuche entsprachen noch längst nicht dem Charakter der modernen Industrie, erfüllten nicht jene Anforderungen, die unsere Volkswirtschaft erhob – um so weniger, als die Nachfrage nach hochwertiger rügenscher Schlämmkreide auf dem in- und ausländischen Markt ständig stieg. Es erwuchsen der Kreidegewinnung neue und große Aufgaben, die von den zahlreichen Kleinbetrieben mit den veralteten Produktionsanlagen nicht zu bewältigen waren. Dazu war die Entwicklung einer sozialistischen Großproduktion vonnöten.

1958 begannen am Rande des Jasmunder Dorfes Klementelvitz die Arbeiten an jenem volkseigenen Kombinat, für dessen Bau der Staat etwa 30 Millionen Mark bereitstellte.

Wo gab es Beispiele für vollmechanisierte Kreidegewinnung? Wo Erfahrungen bei der Errichtung eines Werkes, wie es hier in Nähe der ergiebigen Wittenfelder Lagerstätten entstehen sollte? Sie fehlten – bei uns und anderswo in der Welt. Wissenschaftler und Techniker kamen zu den Kreidekumpeln und berieten mit ihnen Pläne und Projekte. Mehr noch: Es entstand eine Arbeitsgemeinschaft zwischen den für den Bau verantwortlichen Mitgliedern des zentralen Projektierungsbüros für Bindemittelindustrie in Dessau, des VEB Industrieprojektierung Stralsund und Arbeitern und Ingenieuren der heimischen Kreideindustrie.

In wenigen Jahren war das Werk vollendet. Als am 1. Januar 1963 die Produktion in den großen Hallen anlief, da hatte der Betrieb sogleich eine äußerst harte Probe zu bestehen. Infolge ungewöhnlich starker Kälte, die das feuchte Kreidegestein im Bruch meterdick zusammen-

Former im früheren Kreidewerk

frieren ließ – so, daß kein Bagger es mehr greifen konnte –, die die Gesteinsbrocken auf dem Transport weiter vereiste und das Wasser in den riesigen Rührbottichen mit einer Eisschicht bedeckte, stockte die Produktion. Doch als sich im April nach dem langen und kalten Winter endlich die Arbeitsvorgänge normal vollzogen, wurden durch den vorbildlichen Einsatz aller Betriebsangehörigen Planrückstände schnell beseitigt.

Nach Beginn der Schlämmkreideproduktion von Klementelvitz sind die kleinen Werke in Saßnitz, Quoltitz, Neddesitz, in Buddenhagen, Lancken und den anderen Inselorten stillgelegt worden. Damit war das erste Kapitel der Geschichte unserer rügenschen Kreideindustrie

Der Königsstuhl

Kreide

242

Kreidewerk Klementelvitz

Im Kreidewerk Klementelvitz

Kreidebruch

Der Rügendamm

Glewitzer Fähre

Schaprode

beendet. Noch erinnern hier und da Reste alter Anlagen – gleichsam als »technische Denkmäler« – an die Zeit, in der die Schlämmer, stundenlang schutzlos der Sonne ausgesetzt, angeseilt vor den weißen Abbruchwänden standen und mit ihren Pickeln die Kreide brachen, an die Zeit, in der Former die zähbreiige Masse der Absetzbecken zerstachen und in Stücken, die 20 Kilogramm und mehr wogen, aus den tiefen Gruben schaufelten.

Heute verrichten moderne technische Geräte und Anlagen diese Arbeiten: Bagger, Rüttelsiebe, Hydro-Zyklonen- und Trockenanlagen und automatische Packmaschinen. Während die frühere manuelle Kreidegewinnung und -aufbereitung einen Produktionszyklus von rund 80 Tagen erforderte, dauert die Schlämmkreidegewinnung im vollmechanisierten Werk Klementelvitz nur wenige Stunden. Rund eine viertel Million Kubikmeter Rohstoff kam 1983 aus den reichhaltigen Lagerstätten in das Werk. Das waren täglich etwa 700 Kubikmeter. Neuerdings wird ein Teil der Rohkreide bereits vor Ort mit einem Aggregat durch Zusatz von Wasser aufgeschlämmt und in einer Pipeline zum Verarbeitungswerk von Klementelvitz befördert.

Tag für Tag füllen die 450 Werktätigen des Betriebes mehr als 30 Eisenbahnwaggons mit dem Endprodukt, mit der pulverisierten »Drei-Kronen-Schlämmkreide« zum Abtransport in die Industriebetriebe unserer Republik und ins Ausland. Daß die Kreidewerker mit ihrem Erzeugnis dabei zugleich schöne und gewichtige Aufgaben in der ökonomischen Integration der sozialistischen Länder erfüllen, ist eine Tatsache, die sich von selber versteht.

Dem Bau des großen Klementelvitzer Werkes waren sorgfältige geologische und mineralogische Erkundungen und Untersuchungen vorausgegangen. Das Ergebnis lautet: Die DDR verfügt auf der Insel Rügen nicht nur über eine umfangreiche Rohstoffbasis, sondern das anstehende Mineral gehört nach seinen gebrauchswertbestimmenden Eigenschaften auch zu den hochwertigsten aller Lagerstätten Europas.

Und der Absatz? – Die volkswirtschaftliche Bedeutung des aufbereiteten Kreidegesteins ist während der letzten Jahre allein durch die Entwicklung anderer Industriezweige außerordentlich gestiegen. Die Gummi- und Kabelindustrie kann auf Kreide (als Füllmaterial) ebensowenig verzichten wie die chemisch-technische. So enthält ein Gasschlauch bis zu 50 Prozent Schlämmkreide. In der Lack- und Farbenindustrie findet Kreide als Farbträger und Deckmittel Verwendung. Der kosmetischen und pharmazeutischen Industrie dient sie als neutraler Füllstoff und als Grundlage von Pudern, Tabletten und Salben. Unersetzbar ist Schlämmkreide ferner in der Tapeten-, Papier- und Textil-, in der Keramik- und Glasindustrie. Neue Verwendungsmöglichkeiten erschließen sich dem weißen Mineral mehr und mehr in der Fabrikation von Plasten, in der Kunststoffproduktion. Schon arbeiten annähernd 30 Industrie- und Handwerkszweige mit dem Produkt des jahrmillionenalten Sedimentgesteins, das in unserer Republik nur an einer Stelle, nämlich auf Rügen, »ansteht«.

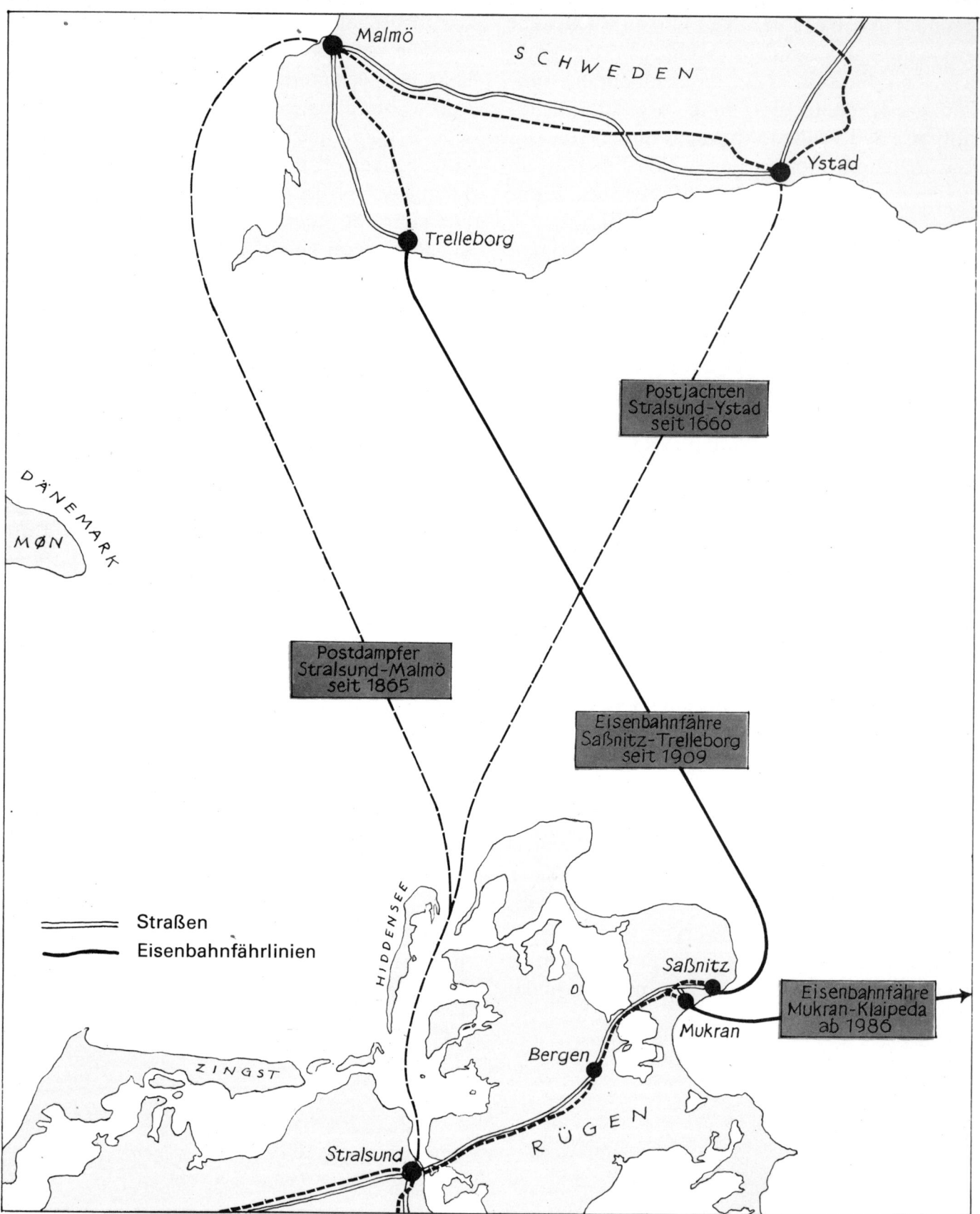

Brücken über das Meer

Man würdigt den ersten Inselort heute bei schneller Fahrt über den Rügendamm kaum eines Blicks und fügt ihm damit zweifellos Unrecht zu. Früher – ja, eigentlich noch bis zum Jahre 1936 – war es anders. Das alte Fährdorf stand – gewollt oder ungewollt – bedeutend stärker im Mittelpunkt des ersten Rügenerlebnisses.

Viele Jahrhunderte versahen Fährleute an dieser Stelle ihren Dienst, ruderten und segelten Menschen, Zugtiere und Waren durch die Wellen des Strelasundes und verbanden auf solche Weise die Insel mit dem Festland. Wir sagen »viele Jahrhunderte« und brauchen uns nicht vorsichtiger auszudrücken; denn als 1240 der Ort in das Licht urkundlicher Überlieferung trat, wies schon der Name, nämlich »bei der *alten* Fähre«, in die Vergangenheit zurück. Das heißt: schon zur Zeit der wendischen Besiedlung verkehrten hier Fährboote. Doch Altefähr war nicht die einzige Fährstation Rügens. Von Schaprode fahren seit »uralten Zeiten« die Boote zur gegenüberliegenden Insel Hiddensee.

Das archivalische Quellengut vermittelt uns die Kenntnis von der Kubitzer, Kamminer und Jasmunder, der Goldberger, Wamper und Grahler Fähre. Die Glewitzer Fähre setzte noch im 20. Jahrhundert Personen und Fahrzeuge über das Wasser des Sundes von hüben nach drüben. Und wer gegenwärtig die nördliche Halbinsel Rügens auf der Straße Bergen–Trent–Wiek erreichen will, der besteigt immer noch das Wittower Fährtrajekt, das übrigens auch von 1896–1970 die Wagen der nordwestrügenschen Kleinbahnlinie über 250 Meter des Breetzer Boddens beförderte. Aber wenden wir uns wieder der ehemals am meisten benutzten Fährroute zu, der Verbindung Stralsund–Altefähr. Im Jahre 1856 begann ein in Rostock gebauter Raddampfer die Ruder- und Segelboote zu verdrängen. Diesem 27 Meter langen und mit einer 34 PS starken Maschine ausgestatteten Fahrzeug hafteten offensichtlich viele Mängel der seinerzeit jüngsten technischen Entwicklung an. Gar nicht so selten kam es vor, daß der Dampfer mitten auf dem Strelasund – von der Schiffsführung selbstverständlich unbeabsichtigt – sein »Schaufeln« einstellte und stillag.

Doch wer den Schaden hat, der braucht um den Spott nicht zu sorgen. Das galt für den Kapitän ebenso wie für den Maschinisten. Und der Volksmund taufte die »Altefähr« nicht nur wegen ihrer mittschiffs breiten Form in »Flunder« um. Bald erklang in den Straßen der Stadt und auf den Dörfern der Insel folgendes Lied:

> Von Stralsund, seggt he,
> nah Ollfähr, seggt he,
> geht'n Damper, seggt he,
> hen und her, seggt he.

Von't oll Ding, seggt he,
is groot G'schrei, seggt he,
alle Og'nblick, seggt he,
is't intwei, seggt he.

27 Jahre lang qualmte die »Flunder« geräuschvoll von Fährbrücke zu Fährbrücke. Dann kamen die Schiffe des am 1. Juli 1883 eröffneten Eisenbahntrajekts dazu. Der erste Trajektdampfer, »Prinz Heinrich«, vermochte bei seiner Länge von 36 Metern nur drei Eisenbahnwagen und 250 Reisende aufzunehmen. Dennoch: Bis Jahresfrist, also während der ersten sechs Monate, stieg – wie die Statistik des Personenverkehrs berichtet – die Zahl der Fahrgäste auf 90 000 an. Das war erstaunlich und machte den Einsatz neuer und größerer Fährschiffe notwendig. Es folgten 1889 die »Stralsund« und 1897 die »Saßnitz«. Mit dem 1898 in Dienst gestellten 81 Meter langen Fährdampfer »Putbus« konnten acht Bahnwagen übergesetzt werden. Um diese Zeit trug die Route bereits internationalen Charakter. Ein Jahr zuvor war nämlich die Postdampferlinie Saßnitz–Trelleborg eröffnet worden. Um die Bedeutung dieser Verkehrsentwicklung zu verstehen, müssen wir noch einmal in das 17. Jahrhundert zurückblicken.

Es war schwedischerseits ein nationales Anliegen, als nach 1660 Postjachten vom kleinen schonischen Hafen Ystad auf die Seereise nach Stralsund und von dort, dem Regierungssitz für die schwedisch-pommerschen Gebiete, wieder über die Ostsee zum Mutterland geschickt wurden. Die Segler erreichten nicht immer die Stadt am Sund, sondern betrachteten Anlegebrücken an der Südspitze des Bug, eines Landvorsprungs von Rügens Halbinsel Wittow, als Ziel- und Ausgangspunkt ihrer 135 Kilometer langen Meerstrecke. Anfangs beschränkte sich dieser Verkehr auf die Beförderung von »Postsachen«. Doch als am 11. Juli 1687 die »Theresis« in See stach, da führte sie nicht nur Briefe, sondern auch 30 Fahrgäste, zwei Wagen und vier Pferde mit sich. Eine Überfahrt, die oft Tage dauerte – auf hölzernen Klappbänken in engen Kojen –, gehörte keineswegs zu den schönsten Vergnügungen. Es nimmt deshalb nicht wunder, wenn die Reisenden nach ihrem Eintreffen am Bug wenig Verlangen verspür-

Modell des ersten Fährdampfers Stralsund–Altefähr

252

ten, in ein kleineres Boot umzusteigen, um den letzten Abschnitt der Fahrt bis Stralsund – wie von der Königlichen Postbehörde gewünscht – ebenfalls auf dem Seewege zurückzulegen. Sie wählten oft lieber ein Fuhrwerk, das sich über die Insel in Richtung Strelasund in Gang setzte. Auch diese Form des Weiterreisens führte zuweilen zu Komplikationen. Leidtragender war hierbei jedoch der Kutscher. Er hatte strikte Anweisung, nicht vor Ankunft des kleinen Postschiffes im Hafen der Sundstadt die Höhen von Altefähr zu erreichen. Die Mitreisenden zeigten für das Einhalten dieser Direktive freilich kein Verständnis, ermunterten den Gespannführer zum schnelleren Fahren und – so wird berichtet – verprügelten ihn.

Der Aufenthalt am Bug machte den Bau entsprechender Unterkünfte für Fahrgäste und Bootsleute erforderlich. So entstand schon 1683, im ersten Jahr der zwischen Stralsund und Ystad nun regelmäßig betriebenen Seepost, das älteste »Wittower Posthaus«. Montags verließen die Jachten mit ihrer Fracht das Südgestade der Ostsee. Donnerstags trafen sie, aus Ystad kommend, wieder auf Wittow oder in Stralsund ein – bis die Eisbarrieren des Winters die Überfahrt verhinderten.

Eine »Tarifordnung« vom Jahre 1747 legte die Reisegebühren fest. Darin heißt es:

Ein Herr, Frau oder Jungfer	3 Taler 21 Schilling
Ein Diener oder Mädchen, so in Diensten ist	2 Taler 39 Schilling
Handwerks-Mann, Frau oder Gesell	2 Taler 24 Schilling
Ein Pferd	4 Taler 24 Schilling
Ein ganz verdeckter Wagen	6 Taler
Eine Tonne Butter, Seife, Salz u. ä.	24 Schilling
Ein Oxhoft Wein	1 Taler 24 Schilling
Eine Leiche	8 Taler 12 Schilling
Derjenige, der die Post Jagt für sich selbst oder zur extra-Reise haben will	75 Taler

Den 1. Mai des Jahres 1824 müssen wir in dieser Verkehrsgeschichte besonders vermerken. An dem Tage nahmen zwei in Karlskrona gebaute Dampfer Kurs auf Stralsund und Ystad. Eine der frühesten regelmäßig betriebenen Dampfschiffslinien der Welt war eröffnet. Die Namen der beiden Postdampfer, »Svenska Lejonet« (= Der schwedische Löwe) und »Preußischer Adler«, kündeten zugleich von den staatlichen Veränderungen, die sich inzwischen vollzogen hatten. Mit dem Jahre 1815 war die schwedische Herrschaft in Pommern beendet und damit zwangsläufig die »nationale« Seeverbindung aufgegeben worden. Von nun an war dieser Postschiffsbetrieb Gegenstand internationaler Interessen.

Auf vertraglicher Grundlage wurden jetzt Einsatz und Wechsel der Schiffe geregelt. Als gegen Ende der zwanziger Jahre des vorigen Jahrhunderts der Zufahrtsweg zum Stralsunder Hafen versandete und verwilderte, kündigte Schweden kurzerhand die Verträge, denen zufolge die Linie in der bedeutendsten vorpommerschen Stadt endete, und ließ seinen Postdampfer Greifswald anlaufen. Erst nachdem die preußische Regierung 1840 versicherte, daß das Fahrwasser zwischen Rügen und Hiddensee gebaggert, betonnt und im Wittower Posthaus eine Lotsenstation eingerichtet sei, kam die Verbindung Stralsund–Ystad wieder zustande. So blieb es bis zum Jahre 1865, als Schweden seinen Ausgangs- und Zielhafen nach Malmö verlegte. Nach 1883 befuhren größere Schiffe täglich die Linie, und sie, die Dampfer »Oscar« und »Sten Sture«, benötigten für ihre Ostseereise nur knapp acht Stunden.

Die zügige technische Entwicklung führte indes

beiderseits des Meeres zu neuen Überlegungen und Bestrebungen, die Verbindung noch schneller zu gestalten. Die Lösung lag zweifellos in einer Verkürzung des Seeweges. Dabei boten sich die Häfen von Saßnitz und Trelleborg an. Häfen? – Sie mußten erst geschaffen werden. Sie wurden geschaffen und außerdem beide Orte an das Eisenbahnnetz angeschlossen. Am 30. April 1897 war es soweit. Deutscherseits begann der Doppelschrauben-Salondampfer »Imperator«, von Schweden aus das weiße Schiff »Rex« die Tour. Den eleganten schwedischen Post- und Passagierdampfer ereilte schon nach drei Jahren ein trauriges Schicksal. Er geriet in der Nacht vom 26. zum 27. Februar 1900 bei dichtem Nebel und hartem Nordoststurm aus seinem Kurs und auf Grund vor der Halbinsel Jasmund. Alle weiblichen Besatzungsmitglieder – fünf Stewardessen – fanden in der wild brandenden See, kaum einen Steinwurf weit vom Nardevitzer Ufer entfernt, den Tod, als ein Rettungsboot kenterte. Das zertrümmerte Schiffswrack, von dem am Tage danach die wenigen Reisenden und die übrige Besatzung an Land gebracht werden konnten, wurde später in Saßnitz versteigert.

Der Verkehr auf dieser »Postschnelldampferlinie«, mit der man, von Stockholm kommend, Berlin in 27 Stunden erreichte, entfaltete sich außerordentlich rasch. In den Jahren 1907 und 1908 wurden bereits 85 100 Personen und etwa 12 700 t Güter transportiert. Einem weiteren, von beiden Staaten erwarteten Ansteigen des Verkehrs zeigten sich jedoch auch diese Beförderungsmittel nicht gewachsen. Wieder wurde mit dem Ausbau der Hafenanlagen begonnen, diesmal in großzügiger Weise. Man wollte dem Reisenden das Umsteigen und für den Gütertransport die erhöhten Kosten einer doppelten Umladung ersparen und plante deshalb für den 107 Kilometer langen Seeweg die »schwimmende Eisenbahnstrecke«.

Ein Staatsvertrag vom 15. November 1907 schuf viele Voraussetzungen für gemeinsame Leistungen. Und der Gedanke der Gemeinsamkeit verband nicht nur die Interessen von Vertretern der Schwedischen Staats- und der Deutschen Reichsbahn, er war ein Anliegen beider Völker – damals und während der folgenden Jahrzehnte, bis hinein in unsere Tage. Am 6. und 7. Juni 1909 lagen drei Hochseefährschiffe, die »Drottning Viktoria«, »Deutschland« und »Preußen«, für den Dienst auf dem »Königsweg«, wie man die Strecke auch bezeichnete, bereit. Ein wenig später gesellte sich der in Göteborg gebaute Dampfer »Konung Gustav V.« dazu. Auf dem Hauptdeck der Fähren, die die Route in vier Stunden und zehn Minuten zurücklegten, waren je zwei Gleise von 80 Meter Länge vorhanden, auf denen 8 D-Zug- oder 18 Güterwagen Platz fanden. Die Fahrzeit von Berlin nach Stockholm dauerte nun noch 22 Stunden. Sie verkürzte sich mit Fertigstellung des Rügendammes 1936, durch den das zeitraubende Trajektieren auf dem Strelasund fortfiel, weiter auf etwa 19 Stunden.

Nur an wenigen Tagen mußte die Tour unterbrochen werden, und zwar dann, wenn in strengen Wintern – wie 1922, 1929 und 1937 – ein dicker Eispanzer die Ostsee bedeckte. Ab und zu lagen die Fährdampfer in den Eisstauungen vor Rügen eingefroren fest – stundenlang, tagelang. Abhilfe sollte in diesen Fällen die auf Kosten beider Bahnverwaltungen in Kiel gebaute und mit drei Gleisen für 27 Eisenbahnwagen ausgestattete Eisbrecherfähre »Starke« schaffen.

Alle Hoffnungen, die man an einen erfolgreichen Einsatz der »Schwedenfähre« geknüpft hatte, erfüllten sich. Im Jahre 1938 unternahmen die deutschen und schwedischen Fährschiffe insgesamt 4160 Fahrten und beförderten dabei 177 000 Reisende und 228 000 t Güter. Erst dem furchtbaren zweiten Weltkrieg war es vorbehalten, diese völkerverbindende Brücke zu sprengen. Im Winter 1942 lief »Starke« in der Nähe von Saßnitz auf eine Mine und sank. Die »Deutschland« erhielt im selben Jahre vor Trelleborg einen Torpedotreffer und brannte aus. Beide Schiffe konnten erst nach langen Bemühungen wieder geborgen und instand gesetzt werden. Am 27. September 1944 sperrte die schwedische Regierung die Häfen ihres Landes für alle deutschen Schiffe. Damit ruhte auch auf dem »Königsweg« der Verkehr. Wir haben die verheerenden Auswirkungen der Kriegskatastrophe auf Saßnitz zu schildern versucht und können uns jene Schwierigkeiten vorstellen, die es bei Beseitigung der Schäden, der Räumung der Minenfelder und dem Wiederaufbau der vernichteten Hafenanlagen zu überwinden galt. Erst am 10. März 1948 warfen wieder Besatzungsmitglieder des »Konung Gustav V.« die Leinen um Pflöcke des Saßnitzer Fährbetts, und am 18. März rollte der »Schwedenzug« – nach Wiederherstellung des während der letzten Kriegstage sinnlos zerstörten Rügendamms – erneut über die Insel.

Bis zum Jahre 1959 versahen lediglich schwedische Schiffe mit ihren Fahrten diese Linie. Das nordeuropäische Land hatte 1958 zu den nunmehr jahrzehntealten Fahrzeugen die größere »Trelleborg« neu in Dienst gestellt.

Vorher waren in freundschaftlichen Verhandlungen zwischen Fachvertretern Schwedens und der Deutschen Demokratischen Republik Vereinbarungen über die Verbreiterung der Fährbetten und den Bau und Einsatz einer gleichgroßen Eisenbahnfähre der DDR getroffen worden. Im November 1956 erhielt die Neptunwerft Rostock den Auftrag zum Bau dieses Schiffes. Am 12. Juli 1958 lief es vom Stapel, und am 9. Juli 1959 konnte die »Saßnitz« – dank vorbildlicher Leistungen der Rostocker Arbeiter und Ingenieure 100 Tage vor dem Vertragstermin – ihre erste Reise unternehmen. Die Jungfernfahrt wurde zugleich zu einer Jubiläumsfahrt; denn vor einem halben Jahrhundert war am 9. Juli die Eisenbahnfährverbindung Saßnitz–Trelleborg eröffnet worden. Die Feststimmung dieses strahlenden Sommertages verbreitete sich bald über die beiden Hafenstädte hinaus. Sie fand zweifellos ihren Höhepunkt, als sich die seinerzeit modernsten Fährschiffe Europas, über die Toppen geflaggt, das erstemal auf offenem Meer begegneten, als von der »Trelleborg« die Nationalhymne unserer Republik herüberklang und die »Saßnitz« folgender Funkspruch des schwedischen Kapitäns erreichte: »Ich grüße den Kapitän der ›Saßnitz‹ und das neue Fährschiff der Deutschen Demokratischen Republik mit einem herzlichen Willkommensgruß auf der Fährroute« und von der »Saßnitz« mit der Nationalhymne Schwedens geantwortet wurde.

Die Schweden waren gerne bereit, ihre Erfahrungen mit der »Trelleborg« unseren Konstrukteuren bekanntzugeben. Es ähnelten sich beide Fähren in vielem – in den Hauptabmessungen und in der Antriebskraft. Beide sind etwa 137,50 Meter lang und 18,80 bzw. 18,40 Meter breit. Wie die »Trelleborg«, so vermag auch die »Saßnitz« mit je vier Gleisen bis 36 Güter- oder 14 D-Zug-Wagen und außerdem in einer »Garage« Personenkraftfahrzeuge aufzunehmen. Am 14. Januar 1967 lief ein neues schwedisches Fährschiff, die 147,60 Meter lange »Skone«, zur ersten Fahrt auf dieser Linie aus. Dann kamen »Drottningen«, danach »Götaland« und »Svealand«, und im Juni 1982 die 170 Meter lange »Trelleborg II« dazu. Von unserer Republik sind drei neue Fährschiffe in Dienst gestellt worden. Am 14. September 1971 nahm die »Stubbenkammer« ihre Fahrten auf. Ihr folgten am 15. September 1972 die »Rügen« und am 20. Juli 1977 die »Rostock«. Die »Rügen« wurde als Jugendobjekt auf der Rostocker Neptunwerft erbaut. Das 152,74 Meter lange und 18,80 Meter breite Schiff bietet auf seinen Decks (mit einer Gleislänge von 480,50 Metern) 42 Güterwagen Platz und vermag außerdem 73 Lkw und 1468 Passagiere zu befördern.

Diese Hochseefähren, die mit ihren vortrefflichen Einrichtungen den Reisenden alle Bequemlichkeiten bieten, können die Route Saßnitz–Trelleborg in weniger als vier Stunden zurücklegen. Und bei dem weitverzweigten Netz internationaler Reisezugverbindungen von und nach den Ländern Europas stehen für den Personenverkehr Kurswagen nach Berlin, Moskau, Belgrad, München, Malmö, Stockholm und Oslo mit Anschlüssen in sämtliche europäische Großstädte bereit.

Wenn wir hören, daß das Flaggschiff der Deutschen Reichsbahn, die »Rügen«, mit Motoren in einer Gesamtleistung von 20 000 PS ausgestattet ist, wollen wir uns noch einmal an die ersten Postdampfer auf der Strecke Stralsund–Ystad erinnern. Sie wurden 1824 von nur 55pferdigen Maschinen über die Ostsee »getrieben«.

Außerordentlich erfreulich entwickelte sich der Gütertransport auf dieser Linie. Schon jetzt werden mehr als 85 Prozent aller Transitgüter von Skandinavien nach dem Kontinent über den »Königsweg«, die rationellste Verbindung zwischen dem europäischen Festland und Skandinavien, umgeschlagen. Um den steigenden Anforderungen zu entsprechen und den Verkehr noch schneller und reibungsloser abwickeln zu können, wurde 1976 in Saßnitz ein weiteres neues Fährbett mit modernen Anlagen geschaffen.

Täglich rollen die Waren aus vielen Ländern Europas in den aus Stahl, Leichtmetall und Glas erbauten Saßnitzer Schiffsbahnhof und von hier auf die Fähren. 1984 wurden mit diesem Trajekt schon mehr als 4 Millionen t Güter vom Kontinent nach Skandinavien oder zurück befördert.

Auf diese Weise erfüllt diese »Brücke« ihre völkerverbindende Mission, indem sich die Menschen nördlich und südlich der Ostsee – gleichsam über das Meer hinweg – die Hände reichen, sich im friedlichen Handel und im kulturellen Austausch begegnen.

Seit 1982 ist der Name eines kleinen – bisher fast unscheinbaren – Inseldorfes in vieler Munde: Mukran. Hier entsteht eine neue Brücke über das Meer. Sie verbindet auf dem Wasserweg künftig unsere Republik mit der Sowjetunion. Am 21. April 1982 erfolgte der erste Spa-

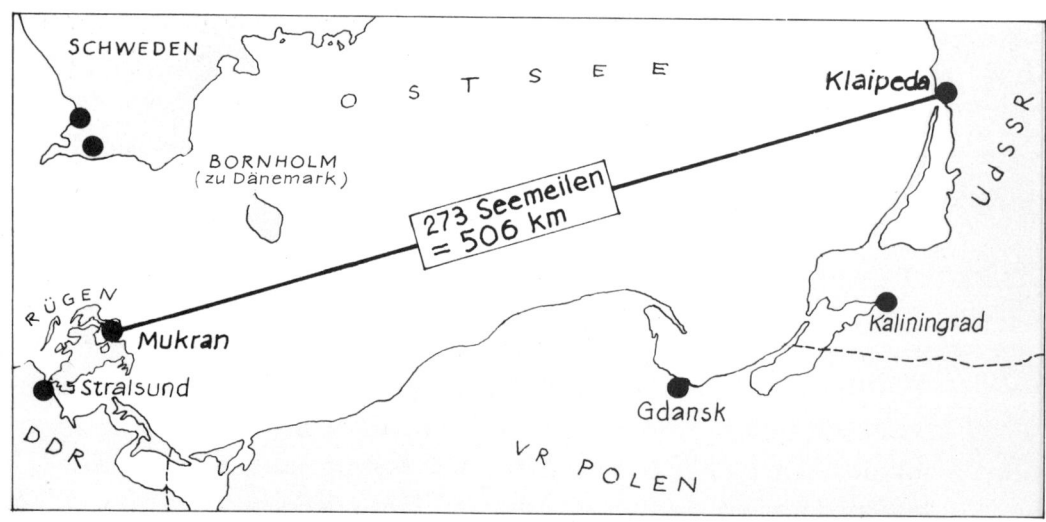

Fährroute DDR–UdSSR

Die Wittower Fähre

Lotsenstation Thießow

Im Hafen von Saßnitz

Blick auf den Fährhafen

Abendliches Saßnitz

Fährbahnhof Saßnitz

Bau der Nordmole des Fährhafens Mukran

Fährschiff vor Rügen

Das Fährschiff »Rügen« läuft aus

tenstich. Und es währte nicht lange, da begann sich das Gelände an der Prorer Wiek in einen riesigen Bauplatz zu verwandeln. Mehr als 200 Hektar Fläche wird das Hafengebiet einnehmen, wenn die Bauarbeiten beendet, wenn die Fährbrücken, Umladehallen, Werkstätten, Versorgungseinrichtungen, der Fährbahnhof fertiggestellt und die Gleise verlegt sind.

Ein Regierungsabkommen zwischen der DDR und UdSSR schuf die Voraussetzung für die Errichtung der Eisenbahnfährverbindung. Klaipeda in der Litauischen Sozialistischen Sowjetrepublik und Mukran auf Rügen bilden die beiden Endstationen. Der Fahrplan sieht eine zwanzigstündige Fahrzeit von einem zum anderen Fährbahnhof vor. Dabei ist immerhin eine Entfernung von 506 Kilometern zurückzulegen. Auf der Mathias-Thesen-Werft in Wismar werden dafür neue Schiffe gebaut, Eisenbahntransporter, wie wir sie bisher auf der Ostsee nicht beobachten konnten. Auf zwei Decks mit zehn Gleisen, genauer: auf einer eineinhalb Kilometer langen nutzbaren Gleisfläche finden 103 sowjetische Breitspurwagen Platz. Von den 186 Meter langen und 26,75 Meter breiten Fährschiffen werden je drei unter der Flagge der UdSSR und drei unter der unserer Republik verkehren. Gegen Ende des Jahres 1986 soll das erste Schiff seinen Betrieb auf dieser »Linie der Freundschaft« aufnehmen.

Probleme über Probleme galt und gilt es bei der Entwicklung des neuen volkseigenen Großbetriebes auf der Insel, in dem später 2 400 Menschen tätig sind, zu lösen. Den Projektanten, Technikern, den Hafen- und Schiffbauern unseres Landes traten von Anfang an sowjetische Spezialisten mit ihren reichen Erfahrungen durch Rat und Tat helfend zur Seite.

Doch wenden wir uns noch einmal der traditionellen Eisenbahnverbindung Saßnitz–Trelleborg zu. Am 6. Juni 1984 konnte sie bereits auf die Geschichte eines dreiviertel Jahrhunderts zurückblicken. Gedanken des Friedens sind es, die gegenwärtig mehr denn je alle Bewohner unserer Republik auch in ihrem Verhältnis zum nördlichen, durch den »Königsweg« uns verbundenen Nachbarland Schweden beseelen.

Das Motiv des Friedens steht auch über der Ostseeinsel Rügen. Sie bildet heute in zunehmendem Maße einen Anziehungspunkt für viele ausländische Gäste. Schon von ferne grüßen das Nordkap Arkona und die weißen, grünbewaldeten Kreidemassive den, der sich mit dem Fährschiff Saßnitz nähert. Die – man möchte fast sagen – einzigartige Schönheit der Landschaft, die sich auch im Wechsel der Jahreszeiten immer aufs neue reizvoll darbietet, vermag stets die Besucher zu erfreuen. Die Insel der Bodden und Wieken, der Berge und Täler, der Waldungen und fruchtbaren Felder, sie ist und bleibt mit ihren Hünengräbern und Burgwällen, den alten Backsteinkirchen und klassizistischen Bauwerken, dem Kranz ihrer begehrten Badeorte, mit ihren jungen Industrien und aufblühenden Gemeinwesen ein echtes Kleinod.

Bildnachweis

Günter Ewald

und ferner
Harry Albien 58;
Fredor Borgwald 12, 57, 89, 90, 111, 175 unten, 178 unten, 199 unten, 221;
Prof. Dr. Herbert Ewe 161 links;
Jürgen Fensch 214;
Wolf Grünke 59, 63, 100, 118, 129, 130, 141, 180, 181, 182, 183, 187;
Werner Häcker 121;
Klaus Hamann 142;
Harry Hardenberg 10, 103, 186, 226, 245, 264;
Dr. Leberecht Jeschke 26, 28, 110, 112 unten, 114, 115 oben, 127;
Peter Koepke 79, 170, 174, 198 unten, 207, 242, 247;
Brigitte Pagel (Repros) 21, 47, 48, 203;
Rolf Reinicke 11, 15, 25, 104, 109, 112 oben, 116, 140, 153, 154, 222, 223, 224, 225, 227;
Harro Schack 36, 176, 231, 258, 261;
Horst Schmeling 237, 263;
Horst Schröder 113;
Prof. Dr. Egon Weber 239, 240;
Lothar Willmann 14, 101, 155;
Kulturhistorisches Museum Stralsund 23, 40, 195 oben, 252;
Museum der bildenden Künste zu Leipzig 32;
Staatliche Kunstsammlungen Dresden, Galerie Neue Meister 34;
Stadtarchiv Stralsund 19, 21, 30, 31, 33, 45, 46, 47, 48, 65, 69, 70, 71, 88, 163, 164, 167, 168, 190, 191, 203, 205, 211, 236;